Nicole Staudinger

SCHLAG FERTIGKEITS QUEEN

In jeder Situation wortgewandt und majestätisch reagieren

*Für Kim, Michaela und all die,
die es nicht geschafft haben.*

INHALT

Vorwort   11

Teil I
Grundierung – Zunächst einmal: Das sollten Sie wissen

1. Schlagfertig – och nö, heute nicht?!   16
2. Die liebe Kollegin   18
3. Lektion 1 – Der Schutzschild   24
4. Lektion 2 – Souveräne Standfestigkeit   27
5. Warum wir so sind, wie wir sind   32
6. Echt jetzt?!   40
7. Lektion 3 – Das Selbstbild   43
8. Lektion 4 – Echt ist in!   51
9. Lektion 5 – Eine Schlagfertigkeitsqueen kann auch einstecken   55
10. Lektion 6 – Berechtigte Kritik   58
11. Lektion 7 – Humor   61
12. Die liebe Schwiegermama   65
13. Lektion 8 – Zeigen Sie Profil!   73
14. Lektion 9 – Körpersprache   86
15. So weit, so gut   95

Teil II
Glitzer – Techniken, die jede lernen kann

16. Frauen – Meisterinnen der Spitzfindigkeiten   98
17. Männer – Meister der Gelassenheit   102

18.	Das Vorstellungsgespräch	109
19.	Nur Mut!	119
20.	Eigenlob stinkt?! Also ich rieche nix ...	131
21.	Entlarvt!	133
22.	Die liebe Schwägerin	140
23.	Deeskalation – Bringen Sie die Dinge zu Ende	150
24.	Komplimente	159
25.	Superwoman	174

Teil III
Finish – Typisch Frau!

26.	Mädchen halt	184
27.	Die guten alten Freunde – äh, Feinde	189
28.	Money, money, money	196
29.	Kindermund ...	206
30.	Meine Erfahrung mit Frauen	209
31.	Warum uns das Scheitern so lange beschäftigt	213

Alles in allem oder auch: Das Nachwort	221
Lösungen	223
Zusammenfassung	225
Die Techniken im Überblick	226
Danke, danke!	230
Quellen	232

VORWORT

Liebe Damen,

Sie kennen das, oder? Da bekommt man einen Spruch zu hören und der wirft einen völlig aus der Bahn. Weil man damit nicht gerechnet hat. Und weil man überhaupt nicht versteht, warum diese Person das jetzt sagt. Und schwupps, während unser sehr komplexes Hirn Mühe hat, all das zu verarbeiten, ist die Zeit um. Die Zeit, in der wir hätten reagieren können. Es aber nicht getan haben. »Mist«, denken wir auf dem Weg nach Hause oder abends im Bett. »Das nächste Mal, da lasse ich mir das aber nicht gefallen! Das nächste Mal bekommt der was zu hören, da kann er sich jetzt schon mal warm anziehen.«

Ich habe eine schlechte Nachricht für Sie: Es wird kein nächstes Mal geben. Zumindest nicht in dieser Situation. Diese Chance ist vorbei, passé, die Ecke rum.

Die gute Nachricht ist: Das muss Ihnen nicht noch mal passieren. Denn Schlagfertigkeit, so nennt man das prompte Reagieren auf einen verbalen Angriff, kann man lernen.

Meiner Meinung nach ist Schlagfertigkeit viel mehr als nur lockere Sprüche klopfen. Es ist eine Lebenseinstellung, die auch eine gewisse Gelassenheit mit einschließt.

Hier setzt dieses Buch an. Natürlich schauen wir uns zwischendurch jede Menge Techniken an, die Sie sich zu Herzen nehmen können. Aber was nützt Ihnen die beste Antwort, wenn Sie sie nicht mit einer gewissen Ausstrahlung und Überzeugung rüberbringen?

Sie finden einige Szenarien in diesem Buch, die in der Tat nur so voller Klischees stecken. Es kann sogar passieren, dass es hier und da politisch unkorrekt wird. Uaah, ja, auch das soll es heutzutage noch geben! Diese überspitzte Darstellung ist beabsichtigt. Gemeinsamkeiten zu lebenden Personen sind natürlich rein zufällig. Diese Beispiele sollen Ihnen zeigen, warum es so wichtig ist, dass wir nicht wortlos stehen bleiben, sondern uns clever und dabei noch charmant wehren.

Dieses Buch richtet sich an Frauen. Warum das so ist, erfahren Sie später. Sollten Sie sich als Mann jetzt diskriminiert vorkommen: Kopf hoch! Wir Frauen kennen das Problem!

Lassen Sie mich noch eine Sache loswerden: Ich habe keine Professur in Sachen Kommunikationswissenschaften oder Ähnlichem. Ich bin schlagfertig zur Welt gekommen (glauben Sie mir, das ist für meine Umwelt auch nicht immer leicht) und habe in den letzten Jahren mal geschaut, womit das zusammenhängt, woher das kommt und ob man Schlagfertigkeit überhaupt erlernen oder gar anderen Menschen beibringen kann.

Kann man. Man kann alles lernen! Der eine bringt ein bisschen mehr Talent mit als der andere, aber lernen können wir es alle. Ich habe mich vor zwei Jahren zur Trainerin zertifizieren lassen, um das nötige Know-how zu erlangen, wie ich bei Erwachsenen Lernziele manifestiere. Daraus entstand das »Steh deine Frau«-Seminar. Und aus dem Seminar wiederum resultierte dieses Buch.

So, genug zum Vorspiel, jetzt wünsche ich Ihnen viel Spaß beim Lesen und Ausprobieren!

Ihre Nicole Staudinger

Teil I

GRUNDIERUNG

Zunächst einmal: Das sollten Sie wissen

SCHLAGFERTIG – OCH NÖ, HEUTE NICHT?!

*»Viele verlieren ihren Verstand deshalb nicht,
weil sie keinen haben.«*
Arthur Schopenhauer

Bei einem bekannten Online-Nachschlagewerk findet sich ein interessanter Eintrag zum Begriff Schlagfertigkeit:

»Als Schlagfertigkeit bezeichnet man die ›entwaffnende‹ Reaktion auf sprachliche ›Angriffe‹. Sie verrät Intelligenz und Geistesgegenwart.«

Wenn wir also nicht schlagfertig sind, sind wir »dumm« und »nicht bei der Sache«? Na ja, das ist schon hart ausgedrückt und ich würde mich hüten, jemanden als »dumm« zu betiteln, nur weil ihm die passende Antwort fehlt.

Aber auch, wenn es *nur* um eine passende Antwort geht – stellen Sie sich doch ein großes Meeting oder eine Familienfeier vor.

Sie werden von Ihrem Kollegen oder der Schwägerin vorgeführt und Ihnen bleibt die Spucke weg. Vielleicht laufen Sie sogar rot an. Wie sieht das für die anderen in der Runde aus? Welchen Eindruck hinterlassen Sie? Sicher nicht den, den Sie sich wünschen.

Und damit sind wir schon bei einem ganz wesentlichen Punkt. Was macht das mit *Ihnen*, wenn Sie sprachlos zurückbleiben? Wie fühlt sich das an? Wie geht Ihr Tag danach weiter?

Genau. Und jetzt wissen Sie, warum Schlagfertigkeit so wichtig ist.

Ich möchte wetten, dass jedem von uns mindestens eine Situation einfällt, in der genau das passiert ist. Da knabbern wir lange dran.

Für das Selbstbewusstsein ist das natürlich auch nicht gut, damit geht es wie in einer Spirale nach unten. Dabei bekleckern sich die »Angreifer« häufig noch nicht mal mit Ruhm mit ihren Kommentaren. Das müssen gar nicht die gemeinsten Sachen sein. Ein Witz auf Ihre Kosten, den Sie schon nicht so lustig fanden, reicht – Ihr Tag ist dahin.

So ist es auch der lieben Lisa passiert ...

DIE LIEBE KOLLEGIN

Lisa hat sich extra früh den Wecker gestellt, denn Lisa ist aufgeregt. Heute kommen die obersten Chefs zu Besuch. Zwei Männer. Während es im gesamten Büro ausschließlich Frauen gibt, hat man sich bei der Chefetage auf gute, alte Werte besonnen und natürlich Männer eingestellt. Lisa sieht ihre Chefs aus München nicht allzu oft, vielleicht viermal im Jahr. Ansonsten ist der Weiberhaufen in Düsseldorf auf sich allein gestellt.

Lisa hat eigentlich überhaupt keinen Grund, nervös zu sein, denn sie ist inhaltlich auf das Meeting an diesem Morgen bestens vorbereitet. Von außen betrachtet ist sie eine hoch intelligente und attraktive Frau. Ihr Selbstbild ist leider ein anderes. Lisas innerer Kritiker ist groß und ermahnt sie ständig, sie sei nicht gut genug. Lisa ist 34 Jahre alt und Single, sie trägt Konfektionsgröße 40 und liegt damit deutlich über dem Bürodurchschnitt von 32. Lisa fühlt sich also zu dick. Nein, Lisa fühlt sich fett. Dass sie einen Uniabschluss und jede Menge qualifizierte Erfahrungen und somit die besten Voraussetzungen mitbringt, vergisst sie regelmäßig. Ihr innerer Kritiker ist größer und lauter als ihr Selbstbewusstsein. So auch heute Morgen.

Und deswegen hat sich Lisa den Wecker dreißig Minuten früher als sonst gestellt. Diese dreißig Minuten verbringt sie nicht etwa mit Sport, Yoga oder einem ausgiebigen Frühstück. Nein, wo denken Sie hin? Die feste Nahrung hat sie bereits vor zwei Wochen eingestellt, um sich nicht allzu schlecht neben ihren modelmäßig schlanken Kolleginnen zu fühlen. Diese halbe Stunde verbringt sie mit der bangen Frage: Was ziehe ich nur an?

Nachdem sie sich vierhundertmal an- und wieder ausgezogen hat, entscheidet sie sich für eine gute dunkelblaue Jeans, eine Seidenbluse und einen sportlichen Blazer. Für die Kreativbranche, in der sie tätig ist, ein nahezu perfektes Outfit. Sie wählt dazu nicht allzu übertriebene Pumps, beäugt sich dann vor dem Spiegel, zieht den Bauch ein und knotet die blonden Haare zu einem lockeren Pferdeschwanz zusammen. Für einen kurzen Augenblick fühlt sie sich richtig attraktiv.

Die Präsentation ist natürlich, wie immer bei Lisa, schon längst fertig. So perfekt vorbereitet und frohen Mutes macht sie sich auf den Weg ins Büro.

Sie ist die Erste. Gott sei Dank. So hat sie Zeit, sich noch mal kurz zu sammeln, sich in Ruhe einen Kaffee zu kochen und die Mails abzurufen. Lisa ist mit keiner ihrer Kolleginnen befreundet. Im Gegenteil, sie fühlt sich regelrecht unwohl in ihrer Umgebung, doch sie kann nicht sagen, woran es liegt. Sie interessiert sich nicht sonderlich für Mode, traut sich aber nicht, es zuzugeben, weil das hier anscheinend zum guten Ton gehört. Alle interessieren sich für Mode. Dafür weniger fürs Essen. Lisa sitzt täglich mit einer Kollegin im Büro, Antonia, von der sie ständig glaubt, abgecheckt zu werden.

Jetzt ist sie mit ihren Gedanken aber ganz bei sich. Sie steht in der Büroküche am Kaffeevollautomaten und drückt die »Caffè Crema«-Taste – einem Latte macchiato konnte sie noch nie etwas abgewinnen.

Kurz geht sie ihre Präsentation noch mal durch, die sie gleich vor allen halten muss. Sie hasst das. Reden vor Publikum ist nicht so ihres. Ständig glaubt sie, sie hätte irgendwo Krümel im Gesicht oder an der Kleidung.

Antonia betritt in diesem Moment das Büro, doch das bekommt Lisa nicht mit. Erstaunlich eigentlich, denn die 15-Zentimeter-Absätze machen auf dem Parkett ordentlich Lärm. Auch Antonia hat sich Gedanken um ihr Outfit gemacht. Schon auf den ersten Blick könnte man allerdings denken, sie ginge zu *Germany's next Topmodel* anstelle eines Meetings. Antonia kann fachlich nicht mit Lisa mithalten. Sie hat zwar auch einen Uniabschluss, aber ihr fehlt es an Einfühlungsvermögen für die Kunden und an der richtigen Spürnase, die es in dieser Branche braucht. Antonia weiß das und versucht, diese Schwäche zu überspielen, indem sie besonderes Augenmerk auf ihr Styling legt.

Selbstsicher ihre Haare zurückwerfend, geht sie in die Büroküche. Lisa steht mit dem Rücken zur Tür und ist mit ihren Gedanken immer noch bei dem bevorstehenden Meeting.

In einer Tonlage ähnlich der von Miss Piggy schießt Antonia los: »Guten Morgeeen, Du Liiiebe!« Sie checkt Lisa, die vor Schreck zusammenfährt, argwöhnisch ab. »Sag mal, hast du das Meeting vergessen oder hast du noch was zum Umziehen dabei?«

Reaktion 1
Lisa dreht sich abrupt um und guckt Antonia völlig hilflos an. In ihrem Kopf geht es rund. »Hä? Klar weiß ich, dass wir ein Meeting haben. Ich habe mich doch extra chic gemacht! Sehe ich sooo schlimm aus? Oh Gott! Ich muss mich umziehen gehen!« Sie sagt jedoch: nichts.

Im Gegensatz zu Antonia. Die setzt noch einen drauf: »Na ja, ist ja bei dir eh egal. Wünsche dir toi, toi, toi für nachher«, dreht sich um und stakst von dannen. Wie geht es jetzt für Lisa weiter?

Sie ist höchst verunsichert und überlegt tatsächlich, ob sie falsch gekleidet ist. Obwohl sie sich heute Morgen noch ganz sicher war. Im Meeting sitzt ihr Miss Piggy gegenüber und lächelt sie süffisant-giftig an. Lisa ist eingeschüchtert und hält zwar ihre Präsentation wie geplant, aber sie bleibt dabei weit unter ihren Möglichkeiten.

Damit sind wir bei einem wichtigen Punkt: Frauen bleiben sehr häufig unter ihren Möglichkeiten und das völlig zu Unrecht – die einen mehr, die anderen weniger. Ein Frauentyp wie Lisa eher mehr.

Lisa wird irgendwann einen Mann finden, der hochstwahrscheinlich auch unter ihren Möglichkeiten ist. So wie sie insgesamt ein Leben führen wird, in dem noch ordentlich Luft nach oben ist. Ihre Kollegin

Antonia trifft dafür natürlich keine Schuld, zumindest nicht gänzlich. Denn es liegt an Lisa, sich gegen Angriffe wie die von Antonia zu wehren.

In dem genannten Beispiel hat Lisa etwas verloren: ihre Souveränität. Die ist weg und die bekommt sie auch nicht wieder. Sie kann nicht eine Woche später bei Antonia anklopfen und sagen: »Hör mal, Fräulein, so geht es ja nun nicht ...« Damit würde sie sich lächerlich machen.

Wie hätte sie denn nun reagieren sollen?

Wenn Lisa an dem Morgen beschlossen hätte, ihr Leben zu ändern, dann wäre es vielleicht so abgelaufen:

Reaktion 2
Antonia kommt also rein und wettert los: »Hast du das Meeting vergessen oder hast du noch was zum Umziehen dabei?«

Lisa hätte tief Luft geholt und sich dabei ganz ruhig umgedreht. Sie hätte sich in dieser Zeit keinen Kopf darum gemacht, wie sie aussieht, sie hätte die Zeit genutzt, sich auf ihren Gegenangriff vorzubereiten.

Übrigens: Wir haben nur drei Sekunden Zeit für eine Reaktion! Nach diesen drei Sekunden ist die Chance vorbei. Ihr Gegenüber glaubt danach nicht, noch eine Antwort zu erhalten. Antworten Sie viel später, so könnte man den Eindruck erwecken, schwerfällig oder gar begriffsstutzig zu sein. Und wenn es eine Sache gibt, die wir Mädels nicht sein wollen, so ist es doch, dumm und begriffsstutzig zu wirken.

Dann hätte Lisa Antonia von oben bis unten angeschaut, nicht mehr als ein verächtliches Grinsen (Mimik, siehe Kapitel 14) oder ein leicht irritiertes Kopfschütteln für ihre Kollegin übriggehabt und wäre an ihr vorbeigezischt. Sie hätte Antonia stehen lassen und nicht umgekehrt. Sie hätte eine Wahnsinns-Präsentation gehalten, wäre von ihren Chefs gelobt worden und Antonia hätte sich grün und blau geärgert.

Wir müssen gar nicht auf alles den perfekten, rhetorisch ausgeklügelten Satz parat haben. Die richtige Haltung – auf die wir später noch kommen – oder der richtige Blick reichen manchmal schon aus (siehe Kapitel 14).

Das Allerwichtigste in dieser Situation ist, dass Lisa sich frei macht von dem, was ihr gerade an den Kopf geknallt wurde. Denn: Lisa ist super! Sie kann was, hat eine großartige Präsentation vorbereitet und sich Gedanken um ihr Outfit gemacht und es ist alles super! Warum, wieso und weshalb Antonia so ist, wie sie ist, darf nicht Lisas Baustelle sein.

LEKTION 1 – DER SCHUTZSCHILD

»Man kann nicht jedem gefallen.«
Carey Mulligan, britische Schauspielerin

> Damit sind wir bei Lektion 1:
> **Wir müssen lernen, Dinge an uns abprallen zu lassen – mit unserem Schutzschild!**

Es sagt sich so einfach: Dinge an uns abprallen lassen. Aber Hand aufs Herz – es ist verdammt schwierig!

Wenn wir uns nicht abschirmen, dann treffen böse Kommentare ungehindert auf unser Hirn. Das sorgt für Stress. Und was passiert unter Stress? Genau, wir können nicht denken. Müssen wir aber, denn wir müssen uns ja eine Antwort überlegen. Und das im besten Fall innerhalb von drei Sekunden.

Daher ist der erste Schritt überhaupt: Wir müssen lernen, Dinge an uns abprallen zu lassen. Damit unser Kopf frei bleibt und wir die drei Sekunden nutzen können.

Bekommen Sie also in naher Zukunft einen Spruch zu hören, der Sie verletzt – sei er gerechtfertigt oder nicht –, dann ziehen Sie Ihren Schutzschild hoch.

Die gute Nachricht ist: Das kann man lernen. Die schlechte Nachricht: Dafür braucht es Zeit und Mut!

In meinen Seminaren übe ich mit den Frauen eine Armbewegung, um den Schutzschild zu verdeutlichen. Ziehen Sie einfach beide Hände über Ihrem Kopf zu einer Art Dach zusammen. Ich weiß, das sieht nicht sooo schlagfertig aus, aber Sie sollen das ja auch nicht vor Ihrem Chef machen. (Wobei ... wenn Sie es machen, hätte ich gern ein Bild. Von ihrem Chef!) Die Beobachtung, die ich bei fast allen Frauen machen konnte, ist, dass sich hierbei automatisch die Körperhaltung ändert. Sie werden größer und ihr Gesichtsausdruck automatisch ein anderer. Irgendwie divenhaft.

Sie werden niemals in die Köpfe anderer Menschen hineinsehen und erfahren können, warum derjenige dieses oder jenes gesagt hat. Das möchten wir Frauen ja so wahnsinnig gern. Wir gehen den Sachen gern auf den Grund und zeigen Verständnis für unsere Mitmenschen: Vielleicht hat sie einen schlechten Tag oder eine schlechte Woche gehabt? Vielleicht hat ihre Mutter sie auch nicht geliebt? Die Arme ...

Ja, die Arme, aber Fakt ist, dass »die Arme« Sie jetzt gerade angegriffen hat, und wenn Sie binnen drei Sekunden antworten möchten, sollten Sie diese Fragen beiseiteschieben, denn sonst sind diese drei Sekunden schon vorbei.

1, 2, 3!

Nutzen Sie eine von den drei Sekunden, um Ihren Schutzschild hochzuziehen und den Angriff an sich abprallen zu lassen. Denn meistens werden wir mit Schuhen konfrontiert, die uns gar nicht passen.

LEKTION 2 – SOUVERÄNE STANDFESTIGKEIT

»Gleichmütigkeit ist das Selbstgefühl der gesunden Seele.«
Immanuel Kant

> Unsere zweite Lektion:
> **Schuhe, die uns nicht passen, ziehen wir nicht an! Besser noch: Wir probieren sie auch gar nicht erst an.**

Hä? Was für Schuhe?

Ich finde das Beispiel mit den Schuhen für uns Frauen irgendwie passend. (Ich hatte Sie am Anfang bereits vor Klischees gewarnt!) Wie oft ziehen wir uns Schuhe an, die uns gar nicht passen?

Lisa aus unserem Beispiel hat der Schuh nicht gepasst. Denn sie hatte sich intensiv mit ihrer Outfitfrage beschäftigt. Dennoch zieht sie ihn sich an, als ihre Kollegin auf sie losgeht. Sie zweifelt an sich, völlig zu Unrecht. Sie lässt sich verunsichern.

Wenn wir Schuhe anziehen, die uns nicht passen, dann verlieren wir etwas sehr Wichtiges: unsere Souveränität.

Zweifeln Sie nicht zuerst an sich. Stehen Sie zu sich selbst, zu Ihrer Entscheidung und bleiben Sie souverän!

Ich möchte Ihnen ein weiteres aus dem Leben gegriffenes Beispiel vor Augen führen. Nadine ist vor einem knappen Jahr Mama geworden. Sohn Noah ist für sie und ihren Mann ein absolutes Wunschkind. Nadine gönnt sich ein Jahr lang Babypause und möchte danach wieder zurück in ihren Beruf als Architektin. Das eine Jahr ist schon nicht ganz problemfrei, denn der Markt ist heiß umkämpft und die Kunden wollen gehalten werden.

Die Eltern haben für sich und Noah beschlossen, dass eine Tagesmutter wohl die richtige Lösung ist. Eine Entscheidung, die sie sich nicht leicht gemacht haben. Aber sie haben eine tolle Tagesmutter gefunden, bei der beide ein gutes Gefühl haben.

Bis dahin sind es aber noch vier Wochen und heute besucht Nadine mit Noah die PEKiP-Gruppe. (Für alle Nicht-Mütter – PEKiP steht für: Nackige Babys tummeln sich gemeinsam in einem großen Raum, während die Mütter sie dafür besingen und beklatschen.)

»Hallo Nadine, komm hier rüber, hier ist noch ein Platz frei«, begrüßt sie Claudia. Die beiden kennen sich jetzt seit mehreren Wochen durch die PEKiP-Gruppe. Weiter ging der Kontakt allerdings noch nicht. »Alles okay bei euch?«

»Ja klar. Bei euch auch?«

»Ja, alles super. Der Torben-Hendrik kann sich jetzt schon hochziehen!«

»Das ist ja toll.«

Die beiden werden von der Gruppenleiterin unterbrochen.

»Guten Morgen zusammen. Bevor wir jetzt mit unserem Begrüßungslied starten, gebe ich die Liste rum für diejenigen, die sich für das nächste Halbjahr anmelden möchten.«

Während die Stunde läuft und die Mütter sich angeregt über Windelinhalte, brabbelnde Babys und Öko-Karotten (Achtung: Klischee! Aber ich habe selbst zwei PEKiP-Kurse besucht!) unterhalten, geht die Liste von einer zur anderen Mutter.

Nadine trägt sich nicht ein und gibt die Liste weiter an Claudia.

»Nanu? Warum kommt ihr denn nicht mehr?«, fragt Claudia.

»Ich gehe doch in vier Wochen wieder arbeiten, ab dann ist Noah vormittags bei der Tagesmutter.«

Eine andere Mutter bekommt das Gespräch mit: »Ach, bei wem habt ihr denn einen Platz bekommen?«

»Bei Frau Müller im Nachbarort. Sie ist sehr nett.«

Es folgt ein kurzes Gespräch über die Betreuungssituation im Ort, bevor Claudia mit folgender Bemerkung das Gespräch bereichert:

»Weißt du, Nadine, nichts gegen dich, aber ich frage mich ja wirklich, wofür man denn Kinder bekommt, wenn man sie nach einem Jahr wieder weggibt. Für uns käme das nie infrage!«

Hand aufs Herz, liebe Mütter – wie fühlt sich das an? Ein solcher Schlag aus den eigenen Reihen?

Glauben Sie, das Beispiel ist überholt? Ist es nicht. Ist mir selbst passiert vor wenigen Jahren mit meinem kleinen Sohn. Es scheint immer noch diese zwei Lager zu geben: berufstätig gegen nichtberufstätig. Wer hat die Nase vorn? Wer ist die bessere Mutter für den kleinen Wonneproppen?

Was tun? Wenn Nadine Glück hätte, würde ihr eine weitere Mutter aus dem Kurs beistehen. In unserem Beispiel ist dies aber nicht der Fall. Noah ist Nadines erstes Kind und wie bereits beschrieben, haben sie und ihr Mann sich die Entscheidung für die Tagesmutter nicht leicht gemacht. Sprich, Claudia fasst hier in eine noch offene Wunde.

Nadine bekommt hier gerade den Schuh namens »Rabenmutter« gereicht. Passt ihr der Schuh? *Nein!* Es ist nämlich eine Entscheidung, die jede Familie für sich treffen und bei der auf keinen Fall eine Claudia um Rat gefragt werden muss.

Wenn Nadine nichts sagt, ist ihre Souveränität dahin. Und der Vormittag auch. Sie ärgert sich. Am meisten darüber, dass ihr nichts eingefallen ist. Über diesen Ärger vergisst sie, dass sie hier gerade wertvolle Zeit mit ihrem Sohn verbringt und diese nicht genießt.

Diese Tatsache, dass wir wertvolle Lebenszeit mit sinnlosem Ärgern vergeuden, finde ich persönlich noch schwerwiegender als das Souveränitätsproblem.

Also Ladys: Schutzschild hoch! Lasst diesen Vorwurf an euch abprallen! Brust raus, Rücken gerade und raus mit der Antwort:

»Schade eigentlich, liebe Claudia. Denn wenn ich mir den Torben-Hendrik so anschaue, könnte ihm ein bisschen Erziehung von außen nicht schaden.« (Die ehrliche Antwort, Kapitel 24)

Oder aber:

»Wenn du unter ›weggeben‹ verstehst, dass er stundenweise mit anderen Kindern spielen kann, ja, das finden wir eine gute Idee.« (Umdeutung, Kapitel 23)

Oder:

»Wenn ich dich um deine Meinung bitten sollte, wirst du das mitbekommen.« (Notfallspruch, Kapitel 25)

Die Liste der möglichen Antworten ist lang. Egal, wofür Sie sich entscheiden – mit einer Reaktion erlangen Sie die so wichtige Souveränität wieder zurück. Und Sie weisen Schuhe, die Ihnen nicht passen, dankend zurück, ohne sie vorher anprobiert zu haben.

WARUM WIR SO SIND, WIE WIR SIND

»Ich fürchte, Anpassung ist nicht meine Stärke.«
Diane Keaton, amerikanische Schauspielerin

Warum neigen gerade wir Frauen dazu? Warum ziehen wir uns nur zu gern Schuhe an, die uns nicht passen? Und warum stapeln Frauen meist zu tief? Männer lassen unberechtigte Vorwürfe viel leichter an sich abprallen. Alles, was nicht zu ihnen passt, wird einfach überhört.

Ich vermute, dass das mit der Geschichte von uns Frauen zu tun hat. Jahrtausendelang wurde uns eingetrichtert, dass wir das »schwache« Geschlecht und von Geburt an unter dem Mann angesiedelt seien.

So weit müssen wir allerdings in der Geschichte gar nicht zurückgehen. Erst seit 1918, also noch keine hundert Jahre, haben wir Frauen in Deutschland das aktive Wahlrecht. Im Nationalsozialismus gab es natürlich eine Unterbrechung, hier durften wir nicht selbst wählen, wohl aber gewählt werden.

Eine Werbung von Dr. Oetker in den 1950er-Jahren lautete:

»Eine Frau hat zwei Lebensfragen: ›Was soll ich anziehen‹ und ›Was soll ich kochen?‹«

Und die *Brigitte* veröffentlichte 1959 einen hoch spannenden Bericht mit dem Titel: »120 praktische Ratschläge: So kriegt man einen Mann!« Ich will nicht gemein sein, daher verrate ich Ihnen die »Best of Männerfang«-Tipps:

- *Sprechen Sie, solange es geht, nicht über das Heiraten.*
- *Gehen Sie zu viert aus: mit ihm und einem glücklich verheirateten Ehepaar.*
- *Lassen Sie ihn auf dezente Weise wissen, dass Sie auch kochen und Hausfrau spielen können – obwohl Sie die schickste Frau der Welt sind.*
- *Pflegen Sie ihn hingebungsvoll, wenn er krank ist.*
- *Erzählen Sie ihm nur heitere Geschichten. Halten Sie alles Bejammernswerte aus Ihrem Leben von ihm fern.*
- *Passen Sie sich, wenn getanzt wird, seinen Wünschen an: Falls er nicht gern tanzt, müssen Sie Ihre eigene Tanzlust etwas unterdrücken.*

Ja, meine Damen, da können wir noch einiges lernen!
Ähnlich hilfreiche Hinweise konnte die amerikanische Frau 1955 in *Housekeeping monthly* finden:

- *Halten Sie das Abendessen bereit. Planen Sie vorausschauend, eventuell schon am Vorabend, damit die köstliche Mahlzeit rechtzeitig fertig ist (...).*

- ♛ *Machen Sie sich chic! Gönnen Sie sich 15 Minuten Pause, sodass Sie erfrischt sind, wenn er ankommt. Legen Sie Make-up nach und knüpfen Sie ein Band ins Haar, sodass Sie adrett aussehen.*
- ♛ *Seien Sie glücklich, ihn zu sehen.*
- ♛ *Vermeiden Sie jeden Lärm, wenn er heimkommt. Schalten Sie Spülmaschine, Trockner und Staubsauger aus (...).*

Was für uns heute so wahnsinnig lustig klingt, ist in Wahrheit aber die erschreckende Erkenntnis, dass wir Frauen noch nicht wirklich lange emanzipiert sind. Und täglich daran arbeiten müssen, es auch zu bleiben.

Viele Ihrer Mütter, liebe Leserinnen, sind vielleicht in dieser Zeit und mit diesem Frauenbild groß geworden. Ob Ihre Mütter es wollten oder nicht, wahrscheinlich haben Sie doch einiges aus dieser Zeit mitgegeben bekommen.

Meine Oma war schon emanzipiert, lange bevor es den Begriff überhaupt gab. Schon in den Sechzigerjahren war sie eine selbstständige Geschäftsfrau mit eigenem Ladenlokal und erzog nebenbei zwei Kinder. Als meine Mutter zur Welt kam, war meine Oma dreißig Jahre alt. 1960 war das, im Gegensatz zu heute, spät gebärend. Kurz nach der Geburt kam eine Kundin in den Laden und spuckte meiner Oma vor die Füße mit der Aussage: »In Ihrem Alter! Das ist ja widerlich.«

Meine Oma hatte damals sowohl die Männer als auch die Frauen gegen sich aufgebracht. Es war nicht normal, dass eine Frau eigenständig einen Laden betrieb und in einer Ehe so viel Mitspracherecht hatte. Aber soll ich Ihnen was sagen? Meiner Oma war das egal. Und meinem Opa im Übrigen auch. Sie lebten ein Leben nach ihren Maßstäben und erzogen ihre zwei Mädchen zu selbstständigen Frauen. Eine davon ist meine Mutter, die mich wiederum zu einer selbstbewussten Frau erzogen hat. Und ja, mit dieser Erziehung im Gepäck ist es für mich manchmal einfacher. Vieles ist für mich als junge Frau selbstverständlich und ich kann mich, bis auf ein Vorstellungsgespräch (da kommen wir später drauf zurück), nicht an ein einziges Mal erinnern, dass ich etwas nicht erreicht hätte aufgrund meines Geschlechts.

Wenn Sie also selbst Mama einer Tochter sind, dann wissen Sie, welchen Einfluss Ihr Denken, Ihre Erziehung auf das Leben Ihrer Tochter hat ...

Übrigens dürfen Frauen erst seit 1958 einen Führerschein machen und ohne das Einverständnis ihres Mannes ein Konto eröffnen. Und selbst das ist heute noch nicht selbstverständlich. Durch meine Seminare kenne ich nur allzu viele Frauen, die kein eigenes Konto und/oder keine eigene E-Mail-Adresse haben. Wenn das für Sie okay ist, wunderbar. Wenn nicht, gilt wie immer: Nichts ist in Stein gemeißelt. Ändern Sie es ...

Diese gesetzlichen Regelwerke aus der Vergangenheit führten natürlich auch dazu, dass wir Frauen kein gutes Selbstbild hatten. Durch das jahrhundertelange »Kleinmachen« war das Vertrauen in uns selbst nicht wirklich groß.

Noch im Jahr 1965 wurden eintausend Frauen befragt, inwieweit sie folgenden Aussagen zustimmen:

- 👑 *Das Reich der Frau ist der Haushalt, alles andere ist Männersache.*
- 👑 *Herr im Hause ist der Mann, danach hat sich die Frau zu richten.*
- 👑 *Der Beruf der Hausfrau ist der schönste und vielseitigste Beruf.*
- 👑 *Neben dem Haushalt sollte die Frau durchaus auch andere Interessen haben.*

Heute stellen sich uns allein bei der Fragestellung alle Nackenhaare hoch. 1965 waren die Zeiten aber noch andere und daher verwundert es nicht, dass dem ersten Satz ganze 69 Prozent zustimmten und sich auch mit der »Herr im Haus«-Aussage immerhin 57 Prozent einverstanden zeigten.

77 Prozent meinten sogar, dass Hausfrau der Traumjob schlechthin sei. Immerhin 89 Prozent gestanden sich auch weitere Interessen zu.

Das muss man sich auf der Zunge zergehen lassen: Dieses Bild hatten Frauen Mitte der Sechzigerjahre von sich!

Unterstützt wurde dieses Selbstbild durch Gesetze und Gerichtsurteile wie dieses hier:

1969 durfte sich ein Mann offiziell wegen der »schlampigen Haushaltsführung« seiner Gattin scheiden lassen. In diesem speziellen Fall klagte ein Handwerker, der sich ganze 13 Jahre über die »schlampige Haushaltsführung« seiner Frau beschwerte. Der arme Kerl war dann gezwungen, sich eine Freundin zu suchen, und verließ seine Frau. In der ersten Instanz verlor der Handwerker, denn das Gericht meinte, er hätte sich durch die inzwischen neu geknüpfte Beziehung

»selbst stark ins Unrecht gesetzt«. In der nächsten Instanz vor dem Berliner Landgericht gab man ihm jedoch recht. Frei übersetzt sagte man hier: Der arme Kerl wurde ja durch seine »schlampige« Frau geradezu in die Arme einer anderen Frau getrieben. Denn, so die Richter: »Die Ehefrau habe die Pflicht, die Grundlage für ein glückliches Familienleben durch ein gemütliches und menschenwürdiges Heim zu schaffen.«

Am 1. Juli 1977 wird dann genau diese sogenannte »Hausfrauenehe« abgeschafft. Bis zu diesem Tag war die Frau zur Haushaltsführung »verpflichtet«. Berufstätig durfte sie nur sein, wenn sie dadurch ihre »familiären Verpflichtungen nicht vernachlässigte« und ihr Ehemann es gestattete. Auch das Scheidungsrecht wurde reformiert – das Schuldprinzip entfiel nun. Bis dahin hatte eine Ehefrau, die »schuldig« geschieden wurde – etwa weil sie ihrer Haushaltspflicht nicht nachkam –, kein Anrecht auf Unterhalt.

Sie glauben, das sind Extrembeispiele? Mitnichten. Während meiner Recherche im FrauenMediaTurm in Köln bin ich noch auf viel Kurioses gestoßen, das ausreichend wäre für ein neues Buch ...

Die Diskriminierung der Frau fand (oder findet?) auf allen Ebenen statt:

Erst 1978 wird Nicole Heesters die erste *Tatort*-TV-Kommissarin und 1979 moderiert Barbara Dieckmann als erste Frau die *Tagesthemen*. Alles noch nicht so furchtbar lange her.

1979 wurde erstmals einer Frau, vom Stadtstaat Hamburg, der Zugang zur Schutzpolizei gewährt. Dies war das Resultat des feministischen Protestes gegen das Berufsverbot.

Erst im August 1980 wurde im Bundestag das Gesetz über die »Gleichbehandlung von Männern und Frauen am Arbeitsplatz« verabschiedet und wir wissen alle, dass bis zum heutigen Tage Männer und Frauen unterschiedlich für gleiche Arbeit entlohnt werden.

In der *WAZ* vom 24. April 1976 habe ich den Artikel »Mehr Emanzipation – mehr Ungeziefer« gefunden. Zu dieser Zeit bemerkte das belgische Gesundheitsministerium eine Zunahme von Ungeziefer in Belgien: »Ich wage es kaum zu sagen«, erklärte Dr. G. C. in einer belgischen Zeitung, »aber die Schuld lässt sich zu einem großen Teil der Emanzipation der Frauen zuschreiben. Mann und Frau verlassen heutzutage morgens zusammen das Haus, um zur Arbeit zu gehen, und sie sind am Abend zu müde, um noch zu putzen.«

Ja, Sie lasen richtig. Dieser Bericht ist von 1976, nicht aus dem Mittelalter.

Ein anderes schönes Beispiel fand ich in den Archiven der frühen Achtzigerjahre im FrauenMediaTurm. Dr. Dahs, ein Bonner Rechtsanwalt, der auch für die Bundesregierung tätig war, schrieb im Jahre 1983 in seinem Werk *Handbuch des Strafverteidigers:*

»Wird eine Frau als Zeugin vernommen, so kann je nach der Situation Skepsis angebracht sein. Falsche Aussage und Meineid gehören zu den typisch weiblichen Delikten.«

Diese Aussage ist sogar historisch belegt, allerdings in den Lehrbüchern aus 1834!

Aber müssen wir eigentlich so weit zurückgehen? Sind wir heute wirklich emanzipiert genug?

Die Medien sind voller Tipps Ratschläge, wie die perfekte Frau zu sein hat. Die *BUNTE* zum Beispiel postete vor Kurzem den Artikel »In 5 einfachen Schritten zur Blowjob-Göttin«. Hoch interessant sag ich Ihnen! Wer braucht schon Emanzipation, wenn er eine Blowjob-Göttin sein kann?

Es ist eine Sache, was Medien uns vorgeben, aber es ist eine andere, was wir daraus machen. Und ja, ich gebe zu, das schockiert mich mehr denn je. Einige von uns, natürlich nicht *Sie*, haben den Sexismus so verinnerlicht, dass sie sich selbst ganz wohl in dieser Rolle fühlen. Wenn man sich nur mal diverse Instagram-Profile anschaut und was für Vorbilder diese für unsere Kinder darstellen. Ich find's gruselig.

Das sind natürlich die Negativ-Beispiele, denn früher wie heute gab es immer starke Frauen, die sich für ihre Rechte eingesetzt haben. Mein rein subjektiver Eindruck ist nur der, dass man von denen nicht so viel hört wie von Blowjob-Göttinnen. Und vielleicht ist es die Kombination aus all dem – Erziehung, Rollenbilder, Medien, soziale Netzwerke –, warum Frauen, gerade heute, untereinander oft so grausam sein können ...

Und gleichzeitig ist es rein historisch gesehen nicht verwunderlich, dass wir Frauen in Sachen Schlagfertigkeit noch so einiges nachzuholen haben.

ECHT JETZT?!

Ich habe lange überlegt, ob das Thema Sexismus hierher gehört. Tut es! Definitiv. Es würde allerdings den Rahmen sprengen. Ich bin fest davon überzeugt, dass wir nach wie vor ein Sexismus-Problem in Deutschland haben. Glauben Sie mir, meine Recherchen zu diesem Thema haben ergeben, dass man allein damit drei weitere Bücher füllen könnte. Daher möchte ich an dieser Stelle nur kurz darauf eingehen.

Sexistische Äußerungen kommen manchmal plump und manchmal gut versteckt daher. Auch das hängt von der eigenen Wertevorstellung ab. Streng genommen ist selbst das Türöffnen eines Mannes eine sexistische Geste, da er uns ja unterstellt, »wir seien zu schwach«, es selbst zu machen. Mir persönlich geht dieser Ansatz zu weit. In einer Talkshow zum Thema Genderbewegung erzählte eine engagierte Dame, als sie vom Moderator gefragt wurde, was sie erreicht hätten in der letzten Zeit: »Auf dem Schild vor dem Freigehege in unserem Wildpark waren bisher nur Hirsche abgebildet. Da sind jetzt auch Rehe.« (So lautete in etwa ihre Antwort, nicht wörtlich.)

Großartig! Ich freue mich sehr. Besonders für die Rehe … Nun ja, das hat bestimmt alles seine Daseinsberechtigung. Man muss sich ja nicht in allem wiederfinden.

Fakt ist aber, dass es natürlich auch heutzutage gerade im beruflichen Umfeld zu enormen sexistischen Anfeindungen kommt. Das Bild von uns Frauen in der Werbung ist nur ein Beispiel. Hingegen müssen wir ehrlich zugeben, dass es wirklich sehr viele Frauen in der Öffentlichkeit gibt, deren ausschließliche Existenzgrundlage in der Medienwelt ihre optischen Reize sind. Ich finde sogar, dass Frauen wie diese extrem schlechte Vorbilder für unsere Kinder sind. Aber Qualität scheint heutzutage nicht mehr unbedingt ein Karrieremerkmal zu sein. Schade eigentlich ... Und ja, ich finde das eine Schande für die Frauen, die für unsere Rechte gekämpft haben. Die drehen sich alle im Grab um. Inklusive meiner Oma ...

Gelebter Sexismus hängt unmittelbar mit unserem Selbstbild zusammen. Ein Beispiel dazu – 1983 erschien folgender Artikel in der *Brigitte:*

»Folgenden Satz schrieb der Professor Alfred Söllner in einem Kommentar zum Paragraphen 611a des Bürgerlichen Gesetzbuches (Gleichberechtigung von Mann und Frau): ›Wenn ein Abteilungsleiter nachgewiesenermaßen nicht mit Frauen zusammenarbeiten kann, sei es, dass er mit Frauen immer wieder in Konflikt gerät, sei es, dass er Frauen in erotischer Hinsicht zu belästigen pflegt (vielleicht sogar wegen sexueller Delikte vorbestraft ist), dann ist es im Interesse der Frauen selbst, eher einen Mann einzustellen. Die Einstellung von Frauen verbietet sich dann schon aus der Fürsorgepflicht des Arbeitgebers.‹ Den Satz muss man zweimal lesen. Der Jurist schlägt tatsächlich vor, nicht die Täter, sondern die möglichen Opfer zu bestrafen.«

Wenn es nicht so traurig wäre, müsste man drüber lachen. *Wir* als Frauen waren immer schuld. Wahrscheinlich haben wir nicht die nötige Armlänge Abstand gehalten ... wir Dummerchen!

Es ist nichts Neues, dass sexistische Bemerkungen vor keiner Bildungsschicht halt machen. 1984 beschwerte sich Renate Schmidt in der *BILD* über die Zwischenrufe der Bundestagsabgeordneten, sobald eine Frau die Bühne betrat. Im Bundestag konnte man dann Äußerungen wie: »Zur Sache, Schätzchen!«, »Sie sehen besser aus, als Sie reden!«, »Küsschen, Küsschen!« oder »An Ihnen nagt der Zahn der Zeit ganz schön!« hören.

Techniken, die sich für diese Art des »Angriffs« anbieten, sind beispielsweise der Gegenkonter (Kapitel 21) und das Ins-Leere-laufen-Lassen (Kapitel 17).

Sexismus ist nicht vom Tisch! Ganz im Gegenteil. Wir Frauen müssen jeden Tag auf der Hut sein, nicht Opfer solcher Äußerungen zu werden, und aufpassen, dass kein Victim Blaming entsteht, wobei die eigentlichen Täter zu Opfern gemacht werden und umgekehrt. Denn dadurch leiden unser Selbstbild, unser Selbstbewusstsein und natürlich unsere Schlagfertigkeit.

LEKTION 3 – DAS SELBSTBILD

»Spieglein, Spieglein an der Wand ...«

Ich erzähle Ihnen nichts Neues, wenn ich sage, dass natürlich alles mit dem Selbstbewusstsein zusammenhängt. Menschen, die von sich überzeugt sind, werden seltener Opfer verbaler Angriffe. Menschen, die sich selbst lieben – und damit meine ich nicht nur das Aussehen, die Figur, den Körper, sondern sich selbst inklusive aller charakterlichen Vorzüge sowie Ecken und Kanten –, strahlen eine gewisse Autorität und Coolness aus.

Ich war neulich mit ein paar Freundinnen in einer Karaokebar. Ein hervorragender Ort für Feldstudien. Hier kann man sehr gut den Zusammenhang zwischen dem Selbstbild und der Wirkung auf andere beobachten. Meine Freundinnen und ich saßen relativ nah an der Bühne. Eine Bühne, die mit Scheinwerfern voll ausgeleuchtet war, damit das gesamte Irish Pub den Sänger gut sehen konnte.

»Mein Gott, das Licht ist ja hier wie in einer H&M-Umkleidekabine«, bemerkte meine Freundin recht schnell. Können Sie sich allein diesen Satz aus dem Mund eines Mannes vorstellen? Ich auch nicht.

Die ersten Sänger, die auf die Bühne traten, waren die sogenannten Profis. Eben solche, die scheinbar jede Woche da sind und sich gegenseitig zu Celine Dion und Mariah Carey beklatschen. Diese »Profis« tanken in der Karaokebar. Sie tanken ihr Selbstbewusstsein auf und das ist für mich als Zuschauerin auch völlig okay.

Danach kommen die »Normalos« dran. Die erste junge Frau, sie ist vielleicht 23, hat lange blonde, extra für heute Abend aufgedrehte Locken und ist bildschön. Sie trägt ein süßes Minikleid und dazu schwarze Pumps. Rein äußerlich eine wirklich entzückende junge Frau. Sie geht auf die Bühne und man schenkt ihr, aufgrund ihrer Optik, Vorschusslorbeeren. Und dann singt sie. Alle sind sprachlos. Weil es nicht passt.

Abgesehen davon, dass sie echt nicht singen kann, ist ihre gesamte Ausstrahlung plötzlich dahin. Sie dreht die Füße nach innen, lässt die Schultern hängen und guckt mehr auf den Boden als in Richtung Publikum. Sie hat null Selbstbewusstsein. Das Publikum ist gnädig, es buht sie nicht aus, aber es passiert etwas viel Schlimmeres: Sie wird ignoriert, wird wie Luft behandelt. Ich bekomme richtig Mitleid mit ihr. Weil es so unnötig ist. Warum steht eine solche junge Frau nicht voller Inbrunst da vorn und schmettert, was das Zeug hält? Ob es schön ist oder nicht, sei dann mal dahingestellt. Zumindest wäre es unterhaltsam.

Sie beendet ihr Lied – ich habe sogar vergessen, welches es war – und geht zu ihrem Freund. Und das Erstaunliche: Sie ist zufrieden mit ihrem Auftritt. Anscheinend hatte sie nicht mal erwartet, dass sie auf der Bühne die Aufmerksamkeit der Zuschauer fesseln kann. Sie bleibt so weit unter ihren

Möglichkeiten und ist dabei auch noch zufrieden. Wirklich erschreckend, wie ich finde. Da ihr Selbstbild – und ich rede jetzt rein von dem optischen Selbstbild, denn mehr konnte ich nicht beurteilen – so weit unterhalb der Realität liegt, schafft sie es nicht, dass andere ihr zuhören. Auch ohne die Frau zu kennen, bin ich sicher, sie ist wer und sie kann etwas. Vielleicht ist sie nicht die größte Sängerin, aber eins steht fest: Sie hat Mut. Sonst würde sie doch gar nicht auf die Bühne gehen. Rein auf das Äußere bezogen, könnte sie meterhoch stapeln. Aber sie stapelt tief. Zu tief. Ihre Körperhaltung passt sich dem an. Ein weit verbreitetes »Problem« unter Frauen.

Die TU in München hat männliches und weibliches Verhalten im Hinblick auf Bewerbungstexte überprüft. Frauen fühlen sich durch Adjektive wie »durchsetzungsstark«, »selbstständig«, »offensiv« oder »zielstrebig« nicht nur nicht angesprochen, sie bewerben sich erst gar nicht auf eine solche Stelle, selbst wenn das fachliche Anforderungsprofil ihren Qualifikationen entspricht. Für die männlichen Bewerber machte der Ausschreibungstext in diesem Fall keinen Unterschied. Die Initiatoren dieser Studie meinen: »Wir haben keinen Zweifel daran, dass Frauen diese Eigenschaften besitzen – sie glauben es nur selbst nicht.« Warum ist das so?

Mädels, ganz ehrlich: Wisst ihr, wie viele Chancen euch durch das Tiefstapeln entgehen? Greift nach den Sternen! Nicht nach Gänseblümchen.

Etwas später am Abend betritt dann ein junger Mann die Bühne. Er ist vielleicht Ende zwanzig, hat noch ordentlich Babyspeck an den Hüften und extrem unreine Haut. Die viel zu enge Jeans macht er mit einem viel zu kurzen T-Shirt, das seinen Bauch freilegt, wieder wett. Rein äußerlich ist er also vom Typ Adonis doch ein bisschen entfernt. Er stellt sich das Mikrofon auf seine Höhe, strafft die Schultern und sagt: »Hallo, Leute, ich singe jetzt für euch *Highway to Hell!*«, und dann schmettert er los. Er kann auch nicht singen, aber er unterhält den gesamten Laden. Er spielt Luftgitarre, schmeißt sich hin und sein nicht ganz so perfektes Äußeres (wer gibt das eigentlich vor?) sieht kein Mensch mehr. Er wird für drei Minuten gefeiert wie ein Popstar. Er wird von der Menge geliebt. Weil er sich selbst liebt. Er findet sich cool! Und das strahlt er auch aus. Sowie er von der Bühne kommt, wird er von allen Männern abgeklatscht und kann sich danach vor weiblicher Bewunderung kaum retten.

Tja, Mädels, genau da ist der Unterschied. Wenn unser Selbstbild nicht gut ist, wenn wir nicht von uns selbst überzeugt sind, wenn wir uns nicht selbst lieben – wie soll es dann ein anderer tun?

Und jetzt sehen Sie auch, wie wichtig diese »Basis« für Schlagfertigkeit ist. Sie können Sprüche und Methoden auswendig lernen, Sie können ein rhetorischer Meister sein, aber wenn Ihre Selbstliebe und die daraus resultierende Körpersprache nicht passen, dann hört Ihnen keiner zu.

> Das ist unsere dritte Lektion:
> **Fangen Sie an, sich selbst zu lieben!**

Wenn jemand in sich selbst verliebt ist, hat das in unserer Gesellschaft sehr häufig einen negativen Beigeschmack. »Selbstverliebt« ist eher ein Schimpfwort als ein Kompliment. Schade eigentlich. Denn besonders uns Frauen kann ein bisschen davon nicht schaden. Das ist unter anderem der Grund, warum ich meine offenen Seminare ausschließlich für Frauen gebe.

Mit zu dieser Entscheidung beigetragen hat diese Situation in unserem Freundeskreis:

Zwei befreundete Ehepaare sitzen an einem Samstagabend gemeinsam beim Wein. Die beiden Mädels waren zuvor gemeinsam shoppen, unter anderem einen Kosmetikspiegel. Sie wissen, welche Art ich meine, die, die siebenmillionenfach vergrößert und wo man die allerallerkleinsten Mitesser erkennt. Anna war der Meinung, sie bräuchte so einen in ihrem Badezimmer, damit auch die letzte Unreinheit aufgespürt werden kann. Tina möchte so einen gar nicht haben.

»Ich bin doch nicht lebensmüde«, ist ihr grinsender Kommentar dazu.

»Na, was habt ihr denn gekauft?«, fragt Tom, Annas Mann.

»Ach, nur so einen Kosmetikspiegel«, antwortet sie, während sie ihn auspackt. Anna guckt selbst in den Spiegel und zwar aus Versehen in die vergrößernde Seite und stößt einen recht spitzen Schrei aus.

»Oh Gott. Darauf war ich nicht vorbereitet!«, sagt sie aufrichtig erschrocken.

»Ach«, wirft Tina diplomatisch ein, »wie schlimm kann das schon sein?« Wortlos reicht Anna ihr den Spiegel rüber. Tina guckt rein und erblindet beinahe. »Anna, mach das nie, nie mehr mit mir!«

»Ach, Quatsch«, meint Tom, »was ihr Frauen immer habt. Gib mal her!« Tina reicht ihm den Spiegel und Tom betrachtet, nein, er bestaunt sein vergrößertes Ich. »Also ich find mich mega! Und so schön groß! Ist die andere Seite noch größer?«

»Nee, Tom, das ist schon die vergrößerte Seite«, sagt seine Frau fassungslos.

»Hier, guck du mal«, sagt er und reicht den Spiegel Mark, Tinas Mann, der sich wie ein Schwan von allen Seiten betrachtet. Die Herren sind sich einig. Sie sehen fantastisch aus.

Verstehen Sie mich nicht falsch, ich finde beide Männer durchaus attraktiv, aber der Begriff »mega« wäre mir jetzt nicht so schnell in den Sinn gekommen.

Anna und Tina sind fassungslos. Und auch ein bisschen neidisch.

LIEBT EUCH! JETZT?!
Aber wie geht das? Um ehrlich zu sein, ich weiß es nicht. Ich bin kein Selbstliebe-Profi-Coach. Ich könnte mir vorstellen, dass von denen Tipps kämen wie: »Stellen Sie sich vor den Spiegel und sprechen Sie mir nach: ›Ich liebe mich!‹ Und jetzt alle: ›Ich liebe mich!‹«

Das hat bestimmt seine Daseinsberechtigung und es mag auch Leute geben, die sich davon angesprochen fühlen. Ich für meinen Teil gehöre nicht dazu. Meiner Meinung nach ist es eine Frage der Beleuchtung und des Fokus. Es ist eine Frage dessen, wie wir unsere eigenen Stärken und Schwächen gewichten.

Ein Beispiel: Ich kann sieben Millionen Dinge nicht bis gar nicht. Dazu gehören unter anderem Handstand, Radschlag, Bodenturnen, Purzelbaum, höhere Mathematik, niedere Mathematik, Mathematik im Allgemeinen, Mathematik in ihren Ansätzen, Finnisch, Russisch, Holländisch, gelassen Auto fahren, besonnen reagieren, diplomatisch sein, Chinesisch kochen, Chinesisch reden, die rechte Hand lackieren, Smokey Eyes schminken, eigentlich schminken im Allgemeinen, verführerisch gucken, intelligent gucken, Excel bedienen, vorausschauend einkaufen, Sonderangeboten widerstehen, zurückhaltend sein und, und, und. Ich könnte die Liste problemlos auf zweihundert Seiten ausweiten – mindestens!

Dem gegenüber stehen aber auch ein paar Sachen, die ich meines Erachtens ganz gut kann. Da wäre zum Beispiel: meinen Kindern eine liebende Mama sein, mit meinem Mann Witze machen, reden, Bücher schreiben, kochen (außer Chinesisch), lachen, unbeschwert sein, Freundschaften pflegen, Bad putzen, die linke Hand lackieren, zügig Auto fahren, Word bedienen, Matten nach dem Bodenturnen wegräumen.

Jetzt ist doch die Frage: Worauf lege ich den Fokus? Konzentriere ich mich auf die unzähligen Dinge, die ich nicht kann, oder aber lasse ich die einfach mal so, wie sie sind, und stelle das Licht auf meine Stärken? Drehen Sie die Dinge einfach so lange, bis sie optimal ausgeleuchtet sind. Es ist nur eine Frage der Formulierung. In jeder Schwäche steckt auch eine Stärke. Sie müssen sie nur erkennen.

Wenn ich mir meine Eigenschaften richtig ausleuchte, heißt das ja nicht, dass die negativen nicht da sind, sie bekommen nur nicht so viel Licht ab. Dann kann ich sagen: Ja, ich mag mich. Und wer mich nicht mag, der muss wohl noch an sich arbeiten.

Vielleicht wäre das etwas, was Sie sich einfach mal anschauen könnten. Was können *Sie* besonders gut? Und warum würden *Sie* gern mal mit sich einen Kaffee trinken gehen? Schreiben Sie es auf. Was man schreibt, das bleibt.

> *Aufgabe zum Thema Selbstliebe:*
> Was kann ich richtig gut?
>
>
>
>
>
> Was kann ich nicht so gut?

Nehmen Sie sich bei der Beantwortung der Fragen nicht zu ernst, es soll ja auch Spaß machen. Das kann man übrigens prima bei einem Mädelsabend gemeinsam üben. Mit einem Glas Hugo. Oder zwei.

LEKTION 4 – ECHT IST IN!

»Um ein tadelloses Mitglied einer Schafherde sein zu können, muss man vor allem ein Schaf sein.«
Albert Einstein

Sich selbst genau zu kennen und zu reflektieren, steht in engem Zusammenhang mit Authentizität. Wenn ich genau weiß, dass ich keinen Handstand und Radschlag kann, dann muss ich es auch niemandem vorgaukeln. Im schlimmsten Fall werde ich nur als Lügner enttarnt. Das ist natürlich sehr vereinfacht dargestellt.

Besonders uns Frauen wird es oftmals nicht leicht gemacht, authentisch zu sein. Ganz im Gegenteil – wir bekommen häufig suggeriert, wir hätten die perfekte Geschäftsfrau, Ehefrau, Mutter, Hausfrau, Schwiegertochter, Nachbarin, Freundin etc. zu sein. Und dafür bekommen wir ganz viele Hilfsmittel. Zu finden sind diese in den gängigen Frauenzeitschriften. Wir bekommen Anti-Falten-Cremes, um die Zeichen der Zeit wegzuwischen. Wir bekommen Farbe, um die ersten grauen Haare (die ja bei Männern sexy und bei Frauen ach so schrecklich sind) zu verdecken. Wir bekommen jede Menge Rezepte unter fünfhundert

Kalorien, um in die Jeans von Armani (siehe Werbung weiter vorn im betreffenden Heft) zu passen. Alles Hilfsmittel, um besser, schöner, schlanker und leistungsfähiger zu sein! In den wenigsten Magazinen hingegen findet man Tipps und Ratschläge, wie wir etwas für unsere Bildung oder unser Selbstbewusstsein – denn wir sind perfekt auch ohne perfektes Äußeres – tun können.

Und das ist nicht erst seit gestern so. Die Rolle der Frau in der Werbung hat sich über die letzten Jahrzehnte geändert. Wir waren »nur« Hausfrau in den Fünfziger- und Sechzigerjahren, bevor wir dann langsam zum Sexobjekt wurden, frei nach dem Motto: »Sex sells.« Nur als Businessfrau haben wir es in der Werbung noch nicht geschafft. Während Männer in der Reklame meist angezogen bleiben dürfen, sind wir eher leicht bekleidet und grinsen dämlich vor uns hin.

Erst neulich sah ich in Hamburg eine Außenwerbung von einem Pizzalieferanten. Eine Dame, ohne Kopf, dafür mit XXL-Dekolleté, hielt eine Pizza in einer mir sich nicht erschließen wollenden Körperhaltung in die Kamera. Bis heute überlege ich, was uns der Künstler damit sagen will?! Ich verstehe einfach nicht, was fast nackige Hupen mit einer Salamipizza zu tun haben.

Wie auch immer, in der Werbung sind wir Frauen stets elfengleiche, putzende, perfekt aussehende Wesen, die in Luxusklamotten und mit perfekt sitzender Frisur den Haushalt schmeißen, den Mann betüddeln, die Kinder versorgen und dabei bestenfalls noch im Vorstand arbeiten. Stundenweise und nicht Vollzeit versteht sich. Ach, und joggen habe ich vergessen. Joggen und Yoga machen wir natürlich auch und wir richten perfekte Partys aus, auf denen voll fett Essen serviert wird, an dem wir natürlich nur riechen dürfen.

Ich weiß nicht, wie Ihre Realität aussieht, aber meine sieht umso häufiger so aus: Ich habe drei Jungs zu Hause im Alter von vier, sieben und 38 Jahren. Ich habe ein eigenes Unternehmen, ein Haus und leider Gottes nur zwei Hände. Es gibt Tage, da käme mein Spiegelbild dem Ausdruck »Verwahrlosung« am nächsten. Es gibt Tage, da bete ich, dass keiner zu Besuch kommt und das Chaos sieht, das bei uns herrscht. An diesen Tagen habe ich keine Zeit für ein 495-Kalorien-Mittagessen, für Großputz am Vor- und Bastelstunden am Nachmittag. An diesen Tagen bin ich froh, dass ich das Perfektsein vor einiger Zeit abgelegt habe. Als ich es ablegen musste, weil es nicht anders ging. Als ich erkannt habe, dass das uns vorgegebene Rollenbild mit der Realität rein gar nichts zu tun hat. Als ich mit 32 Jahren an Brustkrebs erkrankte.

In dieser Zeit musste ich lernen, dass »perfekt« völlig überwertet und zeitraubend und im Übrigen nichts ist, was den Kindern in Erinnerung bleibt. Ich habe noch nie einen Erwachsenen gehört, der gesagt hat: »Ach, zu Weihnachten war es bei uns immer so schön, weil das Bad so toll geputzt war.« Kinder erinnern sich nicht an ein frisch geputztes Haus und eine perfekt gestylte Mama. Die erinnern sich ans Vorlesen, Spielen und Spazierengehen. Der Abwasch kann warten. Ihr Leben nicht.

Für Perfektion hatte und habe ich keine Zeit. Mag sein, dass das nicht in die Welt der Hochglanzzeitschriften passt, aber dann passen diese Zeitschriften eben nicht in mein Leben. Mag auch sein, dass man nach einer Krebserkrankung rigoroser wird, aber ich kann Ihnen versprechen: Es fühlt sich gut an! Wir allein bestimmen, welche Rolle wir im Leben erfüllen möchten, niemand anderes.

Authentisch sein bedeutet, unperfekt zu sein. Lassen Sie sich Ihre Rolle nicht von fragwürdigen Hochglanzzeitungen und noch fragwürdigeren Models vorgeben. Finden Sie Ihren eigenen Mittelweg. Authentisch heißt ja nicht, dass Sie aufs Haarewaschen und jegliches Make-up verzichten müssen, »Echtheit« hat Grenzen, gerade in der Hygiene. Aber es bedeutet, dass Sie ein bisschen locker lassen können. Sie werden sehen: Es entspannt!

Wenn wir es schaffen, nur noch aus uns selbst heraus zu handeln; wenn wir es schaffen, in den Spiegel zu gucken und zu sagen: »Hey, was bin ich 'ne coole Socke! Meine linke Hand ist so gut wie noch nie manikürt worden und überhaupt ...«; wenn wir es schaffen, unser authentisches Selbst zu lieben, dann kommt die Schlagfertigkeit von ganz allein.

> Lektion 4:
> **So, wie wir sind, sind wir perfekt!**

LEKTION 5 – EINE SCHLAGFERTIGKEITSQUEEN KANN AUCH EINSTECKEN

»Ich kann Frauen nur raten, nicht beim ersten Buh den Kopf einzuziehen. Brust raus, weitermachen!«
Stella McCartney

Wer seine eigenen Stärken und Schwächen kennt und nicht vorgibt, jemand anderes zu sein, der hat etwas sehr Wichtiges gewonnen: Authentizität.

Wenn Sie von Natur aus eine zurückhaltende und eher schüchterne Person sind, dann werden Sie nach diesem Buch keine forsche Alleinunterhalterin sein. Es wäre schlimm, wenn das passieren würde, denn dann wären Sie nicht mehr authentisch. Wenn Sie sich aber nach dem Lesen genau für diese Zurückhaltung jetzt etwas mehr mögen und diese Eigenschaft noch mit Adjektiven wie »gelassen«, »souverän«, »unaufdringlich« und »in sich selbst ruhend« ergänzen, dann haben Sie alles richtig gemacht!

Ich glaube, kaum ein Wort hat ein solches Revival erlebt wie »Authentizität«. Vielleicht liegt es daran, dass wir im digitalen Zeitalter so selten »Echtes« erleben. Das fängt schon mit diversen Filtermöglichkeiten in unserer Foto-App an. Kaum einer veröffentlicht noch ein Bild von sich, das nicht vorher noch mal kurz weichgezeichnet wurde. Und Selfie sei Dank kann man sich so lange vor der Kamera drehen, bis das Doppelkinn verschwunden ist. Bei Instagram gibt es mittlerweile Accounts, die damit werben, dass bei ihnen alles »echt« ist.

»Echt« ist wichtig, weil es ausstirbt. Helmut Schmidt war bis zu seinem letzten Atemzug echt. Die Tatsache, dass er ein unverbesserlicher Raucher war, hat seiner Authentizität – und da kann man sich drüber streiten, ob das »gut« ist oder nicht – keinen Abbruch getan.

Zu viele Menschen (besonders die aus der Politik), von denen wir dachten, sie seien echt, haben sich als falsch und manchmal sogar korrupt herausgestellt. Der Wunsch nach Echtheit ist also größer denn je. Dadurch sind Ecken und Kanten nicht nur erwünscht, sondern sogar erforderlich.

Sie können online ein tolles Bild von sich aufbauen. Zeigen auf Facebook nur die schönsten Urlaubsbilder, Restaurantbesuche und Partypics. Mit Filter versteht sich. Aber wenn dieses Bild dem Reality-Check nicht standhalten kann, dann haben Sie ein Problem. Es macht schon Sinn, dass man Sie »wiedererkennt« und Sie sich hinter nichts verstecken müssen. Stehen Sie zu dem, was Sie sind und was Sie können, und auch zu dem, was Sie nicht können. Hier schließt sich der Kreis zum Thema Selbstliebe.

Aber Achtung: Wer vorgibt, authentisch zu sein, der muss es auch anderen zugestehen. Das ist vielleicht der schwierigste Part an Authentizität. Der Spruch »Jeder Jeck ist anders« bezieht sich ja nicht nur auf Sie selbst. Menschen, die wirklich authentisch sind, können auch gut damit leben, dass es andere Meinungen als die eigene gibt. Sie können andere respektieren und tolerieren.

Auf unser Thema »Schlagfertigkeit« umgedacht bedeutet das: Wer austeilen kann, muss auch einstecken können.

> Und so lautet unsere Lektion 5:
> **Wer austeilen kann, ist gefährlich, aber wer einstecken kann, ist unantastbar!**

LEKTION 6 – BERECHTIGTE KRITIK

Nicht jeder »Angriff«, den wir zu hören bekommen, ist wirklich ein solcher. Manchmal wird auch gerechtfertigte Kritik geübt. Wenn Ihr Chef wirklich mal unzufrieden mit Ihnen ist, hat das vielleicht auch seinen Grund. Gerechtfertigte Kritik bedarf nicht unbedingt eines witzigen, souveränen Konters. Gerechtfertigte Kritik bedarf vor allem Selbstreflexion und der Größe, seinen Fehler einzugestehen.

TUT MIR LEID!
Der Chef bittet seine Mitarbeiterin Angelika zu sich ins Büro. Angelika hatte die Aufgabe, die Zahlen des letzten Quartals aufzuarbeiten und in eine PowerPoint-Präsentation einzubauen. Und zwar als Säulendiagramm.

Angelika kann nicht wirklich gut mit PowerPoint umgehen und mit Diagrammen schon gar nicht. Das Säulendiagramm hat sie gar nicht hinbekommen und stattdessen ein Kreisdiagramm verwendet. Wortlos hat sie so die Präsentation abgegeben.

Jetzt bittet ihr Chef sie ins Büro.

»Frau Müller, Sie erinnern sich, um was ich Sie für die Präsentation gebeten hatte?«

Angelika wird rot im Gesicht.

»Ja, das weiß ich.«

»Und dürfte ich erfahren, warum Sie es dann nicht so erledigt haben? Können Sie sich vorstellen, wie ich heute vor den Kollegen bei der Präsentation dastand? Abgesehen davon, dass ich Sie um ein Säulendiagramm gebeten hatte, waren es auch noch die falschen Zahlen. Das waren die aus dem letzten Jahr.«

Angelika wird es heiß und kalt. »So ein Mist«, denkt sie und damit hat sie recht. Ihr ist ein Fehler passiert, besser gesagt sogar zwei. Jetzt sitzt ihr Chef ihr gegenüber und weist sie in einem freundlichen, aber bestimmten Tonfall darauf hin.

Natürlich könnte sie kontern. Sie könnte sagen: »Dann haben Sie sich wohl nicht klar genug ausgedrückt ...«

Sie könnte auch ihren Schutzschild hochziehen und mit einer frechen Antwort kontern, aber wirklich clever ist das nicht.

Denn der Chef hat recht. Sie hat einen Fehler gemacht. Er putzt sie auch nicht vor versammelter Mannschaft herunter, sondern redet ruhig und besonnen mit ihr.

Wenn Sie Ihren Job behalten wollen, dann würde ich Ihnen an Angelikas Stelle als Antwort empfehlen:

»Oh Chef, das tut mir leid, ich habe einen Fehler gemacht.«

Damit sind Sie nicht weniger schlagfertig, sondern nur reflektiert und einsichtig.

»Ich habe ein kleines Problem mit PowerPoint, aber das rechtfertigt die Zahlen nicht. Dafür habe ich keine Entschuldigung. Nur ein Versprechen: Das wird nie wieder vorkommen!«

Die meisten Menschen reagieren freundlich auf eine Entschuldigung, manchmal sogar beschwichtigend. »Ach, schon gut, Schwamm drüber«, »Das kann ja mal passieren« sind häufige Reaktionen.

Denn was passiert: Sie halten die Hände hoch und kapitulieren mit »Mea Culpa«. Kaum einer wird darauf noch mal rumhacken.

Verwechseln Sie also bitte Schlagfertigkeit nicht mit dem Benutzen des gesunden Menschenverstandes. Deshalb:

> Lektion 6:
> **Wenn berechtigte Kritik Sie erreicht, stehen Sie dazu und entschuldigen Sie sich für Ihr Verhalten.**

LEKTION 7 – HUMOR

*»Der Kluge lernt aus allem und von jedem,
der Normale aus seinen Erfahrungen und
der Dumme weiß alles besser.«*
Sokrates

Schlagfertigen Menschen sagt man gern nach, dass sie gut Sprüche klopfen können. Für meinen Teil stimmt das. Und da sind wir wieder bei dem Punkt, dass es für meine Umwelt nicht immer ganz leicht ist.

Lockere Sprüche von sich geben ist aber nur die halbe Miete. Zu Schlagfertigkeit gehört meines Erachtens noch etwas ganz anderes. Wenn Sie diese Eigenschaft nicht besitzen, werden Sie es leider niemals beherrschen.

Was das ist? Ich zeige es Ihnen an einer selbst erlebten Geschichte.

Mein Mann und ich waren vor einiger Zeit zu einer sehr schönen Gartenparty eingeladen. Einige Zeit vor dem Brustkrebs war ich blöderweise schon mal am schwarzen Hautkrebs erkrankt und nach dieser Diagnose wollte ich mein Leben ändern. Sport sollte es bereichern. Ich entschied mich für eine Teilnahme in einer sogenannten Lauflernschule. Dreißig Minuten am Stück joggen binnen zwölf

Wochen – so lautete das Versprechen. Ich habe es durchgezogen und tada, ich schaffte es tatsächlich. Neben dem Training lief ich regelmäßig mit einer Freundin durch den Wald und wir gehörten zu den erfolgreichen Sport-Newcomern. Wenn Sie in einem kleinen Ort wie dem unseren plötzlich anfangen zu joggen, bleibt das nicht unbemerkt. So kam es, dass ich auf der Gartenparty plötzlich ungewollt zum Gesprächsthema wurde.

Sehr nette und weniger nette Menschen standen mit uns an dem hübsch dekorierten Stehtisch und genossen leckeres Essen und kühles Bier. So fanden sich auf meinem Teller zwei gut belegte Mettbrötchen und ein paar Voll-Fett-Käsewürfel. Mit anderen Worten: Ich schwebte im siebten Himmel.

»Nicole, ich seh dich ja immer im Wald laufen. Wie lange machst du das denn jetzt schon?«, sprach mich eine Bekannte auf mein neues Hobby an.

»Ach, du, jetzt so seit vier Monaten regelmäßig«, entgegnete ich.

»Was? Wie, du läufst? Is ja ein Ding!«, sagte eine andere Bekannte ehrlich interessiert, denn bisher kannte sie mich eher so als passive Sportlerin.

»Ja, Nicole war doch in einer Lauflernschule ...«, und das Thema war eröffnet. Wie toll das ja sei und wie wichtig und überhaupt.

Nur eine Dame am Tisch sagte nichts. Ich kannte sie nur flüchtig und hatte schon vor geraumer Zeit festgestellt, dass »flüchtig« innig genug war. Diese Dame hatte keine Mettbrötchen und auch kein Bier vor sich. Sie vergnügte sich mit zwei Oliven und einem halben Glas Wasser. An ihrer Körperhaltung merkte ich aber, dass sie in absehbarer Zeit etwas zu dem Thema beisteuern wollte. Wenn Sie Menschen beobachten, dann bekommen Sie so was mit. Sie raffen ganz langsam die Schultern zusammen, räuspern sich, wippen von einem Fuß auf den anderen. Als würden sie Anlauf für den ganz großen Sprung nehmen.

Diese Dame nahm Anlauf und wartete geduldig, bis ihr auch alle zuhörten. Dann: »Das ist ja interessant. Aber verrat mir doch bitte mal: Wie schafft man es denn, wenn man so viel läuft, noch sooo dick zu sein?«

Boom.

Was, glauben Sie, passierte jetzt an dem Stehtisch? Nun ja, eine Dame hatte sich kräftig verschluckt, einem anderen kam das Bier zur Nase raus. Und alle guckten sie mich an. Es war eine Stimmung, die zwischen »Oh Gott, wie kann die so was sagen?« und »Endlich passiert was« schwankte.

Ich (hatte ja auch nur drei Sekunden Zeit und) blieb tiefenentspannt. Ich schaute sie an, sehr freundlich, und sagte: »Du, das ist ganz einfach. Du musst nur genug essen.«

Jetzt raten Sie bitte, wer die Party als Erstes verlassen hat? Ich war es nicht ...

Was war hier passiert?

Die Dame hatte ganz offensichtlich – aus welchen Gründen auch immer – versucht, mich bloßzustellen. Ganz wichtig an dieser Stelle: Sie hat mir einen Schuh dargereicht, der gepasst hätte! Sie hat ja recht! Ja, ich gehe joggen, und ja, ich bin immer noch moppelig. Das heißt natürlich noch lange nicht, dass die Dame so etwas sagen darf. Da die drei Sekunden aber nicht ausreichen, um hier tiefenpsychologisch vorzugehen, bleibt mir nur eins: Humor.

Damit sind wir beim allerwichtigsten Baustein überhaupt für die Schlagfertigkeit: Humor. Wenn Sie nicht über sich selbst lachen können, dann brauchen Sie mit Schlagfertigkeit gar nicht erst anfangen.

Der Rest der Partygesellschaft war mir dankbar, dass ich die Stimmung auf diese Art nicht zerstört habe. Was hätte ich auch für eine Alternative gehabt? Bei meinen zwei Mettbrötchen wäre die Antwort »Das sind bei mir die Drüsen« nicht wirklich glaubhaft gewesen.

> Lektion 7:
> **Wenn Sie über sich selbst lachen können – und damit meine ich nicht, dass Sie sich selbst ins Lächerliche ziehen sollen –, setzen Sie sich in Sachen Schlagfertigkeit die Krone auf.**

DIE LIEBE SCHWIEGERMAMA

Die Schwiegermutter ist wieder ein klischeebeladenes Beispiel, aber aus vielen Seminaren weiß ich, dass es leider nach wie vor hochaktuell ist. Ich bin mir sicher, es gibt ganz viele wirklich liebe Schwiegermamas, und ich bin mir auch sicher, dass ich eines Tages eine finden werde. Bis dahin stellen Sie sich bitte folgende Situation vor:

Petra ist mit ihrem Mann Frank seit 15 Jahren verheiratet, sie haben zwei Kinder und leben glücklich in ihrem Häuschen. Dieses Häuschen steht fünfhundert Kilometer von den Schwiegereltern entfernt. Ein Grund mehr, glücklich zu sein.

Nichtsdestotrotz gibt es ja Termine im Jahr, an denen Oma und Opa vorbeikommen, um am Familienleben teilzunehmen. Weihnachten ist eines dieser Feste. Die Beziehung zwischen Petra und Helga, so heißt die Mama von Frank, war noch nie die beste. Aber weil man sich nur wenig sieht und es ja die Familie ist, reißt man sich natürlich zusammen.

Schon bevor Petra und Frank verheiratet waren, hat Helga es ihr nicht leicht gemacht. Ständig gab sie ihr das Gefühl, für ihr Frankilein nicht gut genug zu sein. Sie nörgelte an Petras Essen rum, an der Haushaltsführung, an allem eigentlich. Seit die Kinder auf der Welt sind, ist es ein bisschen besser geworden, was aber einzig und allein dem Umzug geschuldet ist.

Petra hat sich schon immer gewünscht, dass Frank einmal auf den Tisch haut und sagt: »Hör mal, Mama, so geht das ja nun nicht! Das ist die Frau, die ich liebe, und das hast du zu respektieren.« Macht Frank aber nicht. Machen die wenigsten Männer. Sich gegen die eigene Mutter aufzulehnen, allein dieses Thema würde ein weiteres Buch füllen.

Bereits vier Wochen vor Weihnachten ist Petras Stimmung gereizt. Sie malt sich schon jetzt aus, wie es ist, wenn Helga zur Tür reinkommt und weder an Haus noch Baum ein gutes Haar lässt.

»Was ist denn los mit dir?«, will Frank wissen, der natürlich nicht ahnt, dass Petra schon vier Wochen vor den Festtagen Bauchweh hat. Petra kann es auch nicht richtig kommunizieren, weil sie sich wünscht, dass Frank von allein draufkommt. Das ewige Dilemma zwischen Mann und Frau.

Petra ist eine eher zurückhaltende Frau. Sie ist Sachbearbeiterin in einer Versicherung und arbeitet seit der Geburt der Kinder halbtags. Frank geht ganze Tage ins Büro. Von außen betrachtet ist Petra eine sehr gut durchorganisierte Working-Mum, die es sehr vielen Menschen recht machen will. Nur nicht sich selbst. Sie ist fleißig, fast immer gut gelaunt, engagiert sich in der Schule der Kinder, eine gute Köchin und auch – als ob es darauf ankäme – eine gute Hausfrau.

Aber Petra hat eine große Schwäche: Sie kann nicht Nein sagen.

Wird sie um Hilfe gebeten, sagt sie sofort Ja und am Ende des Tages merkt sie oft, dass es ihr eigentlich zu viel war. Petra nimmt sich und ihr Können und ihre Bedürfnisse nicht wirklich ernst. Das führt dazu, dass die Familie es ihr gleichtut. Weder Frank noch die Kinder, geschweige denn die Schwiegermama, nehmen ihre Sicht der Dinge wahr und ernst!

Statt die Vorweihnachtszeit mit den Kindern zu genießen, macht Petra sich also ununterbrochen einen Kopf darüber, wie sie die Feiertage gut hinter sich bringt. Aus ihrer Sicht ist es am einfachsten, wenn sie es ihrer Schwiegermutter so angenehm wie möglich macht. Um des lieben Friedens willen. Und es ist ja schließlich Weihnachten. Da hat es verdammt noch mal friedlich zu sein.

Einen Tag vor Heiligabend ist es so weit. Es ist alles hergerichtet. Der prachtvolle Baum steht im Wohnzimmer, die Kinder sind 12 und 14 Jahre alt und dürfen schon lange mit schmücken, wobei der ältere der beiden nicht mehr so richtig Lust dazu hat. Das Haus ist picobello sauber, es ist alles eingekauft und zum Heiligen Abend soll es Schwiegermutters Lieblingsgericht geben: Gans mit Klößen und Rotkohl. Petra hasst Gans. Sie würde lieber Kartoffelsalat essen.

»Halloo, meine Kinder«, hört Petra sie schon rufen, als Frank mit seiner Mutter vom Bahnhof kommt.

»Hallo, Oma«, freuen sich die Kinder, sogar ehrlich. Zumindest für zwei Sekunden, dann zischen sie ab.

»Hallo, Helga!« Petra nimmt sich fest vor, ihr eine neue Chance zu geben. Jeder Mensch kann sich ändern. Und vielleicht hat sie im letzten Jahr, nach dem Tod von Franks Vater, einen Sinneswandel erlebt.

»Hallo, meine Liebe«, Küsschen rechts, Küsschen links, »wie schön, euch alle wiederzusehen.«

Petra ist positiv überrascht, denn normalerweise hat Helga schon bei der Begrüßung die erste Spitze auf der Zunge. Den Gedanken noch nicht zu Ende gedacht, hört sie die hohe Stimme ihrer Schwiegermutter.

»Also, dass ihr euch hier wohlfühlt, ist mir ja ein Rätsel«, bemerkt sie beim Betreten des Hauses.

Petra sagt nichts. Frank ist so beschäftigt, das Gepäck und den Mantel seiner Mutter zu verstauen, dass er das Gesagte nicht wirklich registriert. Petra versucht, ruhig zu bleiben, was aber angesichts der nächsten Bemerkung schwieriger wird.

»Ach, was ein hübscher Baum. So speziell. Wenigstens ist er grün«, gibt Helga betont lustig von sich, als sie das Wohnzimmer betritt.

Petra sagt nichts. Sie macht eine Faust in der Tasche. Schon die zweite binnen fünf Minuten.

Petra kann die Schwiegermutter nicht ändern, auch wenn sie sich noch so viel ärgert. Es ist nie zu spät, Grenzen zu ziehen. Tun Sie es nur besser, bevor das Fass überläuft!

VOLLE FÄSSER

Irgendwann wird Petras Fass voll sein. Das kann in diesem Jahr sein, im nächsten oder sonst wann. Es ist nur eine Frage der Zeit. Und dann wird Petra ausflippen. Das Problem ist nur, dass dieses »Ausflippen« dann unverhältnismäßig passieren wird.

Stellen wir uns die Geschichte weiter vor. Es ist der Abend der Bescherung und man setzt sich an den extra schön geschmückten Esstisch. Petra verteilt das Essen auf die Teller. Die Gans schmort seit Stunden im Ofen.

»Oh nein, Liebes, ich möchte keine Gans. Das letzte Mal, als es bei dir Fleisch gab, war mir wochenlang schlecht. Dafür hast du doch Verständnis.«

Das war's. Das Fass ist voll. So plötzlich, dass Petra es nicht verhindern kann: Sie donnert den Teller auf den Boden. Die Scherben fliegen in alle Richtungen. Dazu stößt sie einen spitzen Schrei aus: »*Es reicht!* Wie kann man es dir eigentlich jemals recht machen? Seit Jahren nörgelst du an mir rum!« Die sonst so ruhige und gelassene Petra. Mitten am Heiligabend.

Frank kommt erst jetzt in die Küche: »Was ist denn hier los?«

»Das musst du deine Frau fragen. Ich hatte sie lediglich gebeten, mir kein Fleisch auf den Teller zu tun, und sie rastet völlig aus. Mein armer Junge. Passiert das öfter?«

Petra steht kurz vor einem Herzinfarkt. »Jetzt sag du doch auch mal was, Frank!«

Frank wird keine Stellung beziehen.

Das Problem ist: Es gelingt der Schwiegermutter, diese Situation so harmlos darzustellen, dass Petra als Böse zurückbleibt. Denn Petras Wut hat sich über Jahre aufgestaut und ist jetzt, am Heiligabend, explodiert. In einer verhältnismäßig harmlosen Situation. Der Abend ist vorüber. Die Stimmung dahin.

Sie sollten für sich überlegen, wer es überhaupt wert ist, Sie weiter um Ihre kostbare Lebenszeit zu bringen. Denn Ärger, Wut und Streit sind Gift. Auch Gift für den Körper. Und sie klauen Ihnen Zeit! Wenn Sie in vielen Jahren vor der Himmelspforte (oder weiter unten?) stehen, dann können Sie nicht sagen: »Och, lieber Gott, insgesamt habe ich drei Monate meines Lebens mit Ärgern vergeudet.

Die hätte ich jetzt gern wieder zurück!« Das geht nicht. Die Zeit ist weg.

In Petras Fall ist es sogar ein heiliges Fest, das versaut ist. Statt die Zeit mit der Familie (ob mit oder ohne Schwiegermutter sei jetzt mal dahingestellt) zu genießen, ärgert sie sich. Über Helga, Frank und sich selbst. Für die Kinder ist es auch kein schönes Fest, das muss man an dieser Stelle auch noch mal sagen. Kinder spüren die Schwingungen innerhalb der Familie sehr genau.

ZIEHEN SIE DEN STÖPSEL!
Wie könnte Petra stattdessen handeln?

Im besten Fall hätte Petra bereits vor 15 Jahren ihre Grenzen klar gezogen. Konnte sie aber vielleicht noch nicht. Weil sie eine junge Frau war und es ihr an Erfahrung und Selbstbewusstsein fehlte.

Es ist aber *nie*, und das steht fest, *niemals* zu spät, seine Grenzen zu definieren. Höchstwahrscheinlich sind die Menschen um Sie herum irritiert, aber das soll ja mal nicht Ihr Problem sein.

Wir stellen uns Folgendes vor: Die Schwiegermama hat sich zum Besuch angekündigt und Petra beschließt, aus welchem Grund auch immer (vielleicht nach der Lektüre dieses Buches), dass sie dieses Jahr anders an die Sache herangeht. Das fängt damit an, dass sie sich nicht schon wochenlang vorher Gedanken macht und es ihr auch völlig schnuppe ist, was Helga gern isst. Stattdessen überlegt sie, was sie selbst gern essen möchte: Kartoffelsalat!

»Jungs, ich habe mir überlegt, wir essen mal wieder am Heiligabend Kartoffelsalat. Was sagt ihr dazu?«

»Boah, Mama, echt? Nicht wieder so 'ne doofe Gans?«

»Ja, in echt. Der schmeckt uns doch allen prima und außerdem ist es eine schöne Tradition!«

Alle sind begeistert. Thema vom Tisch. Petra ist glücklich.

Die Schwiegermama kommt an. Helga können wir nicht ändern. Und da können wir uns noch so sehr ärgern oder uns vornehmen, uns nicht mehr zu ärgern – Helga bleibt die Alte. Nur Petra kann beschließen, was es mit ihr macht.

»Also, dass ihr euch hier wohlfühlt …«, sind Helgas Worte beim Betreten des Hauses. Der Blick und der Tonfall sind an Abwertung kaum zu überbieten.

Petra weiß jetzt, dass sie nur eine Chance hat: Sie muss es an sich abprallen lassen. Innerlich denkt sie: »Blöde Nuss!« Doch zu Helga sagt sie: »Und wie, meine Liebe, und wie.«

Entscheidend ist hier der Ton. Petra sagt es im Brustton der Überzeugung und zeigt damit, dass sie die Spitze einfach »überhört« (Kapitel 18) hat. Frank muss schmunzeln. Schwiegermama nicht.

»Ach, was ein hübscher Baum. So speziell. Wenigstens ist er grün«, sagt Helga daher wie in der ersten Szene beschrieben.

Kurz bekommt Petra einen erhöhten Herzschlag. Dann erinnert sie sich an ihren Schutzschild, zieht ihn hoch und kontert: »Ja, die pinken waren leider aus!« Sie freut sich innerlich wie eine Schneekönigin.

Es ist bestimmt nicht die intelligenteste und schlagfertigste Antwort der Welt, aber es *ist* eine. Petra macht keine Faust in der Tasche, sondern lässt das Wasser einfach durch das Fass laufen!

Es passiert noch etwas ganz Entscheidendes: Petra fühlt sich megagut! Es läuft bei ihr! Und jeder Konter steigert das Selbstbewusstsein.

Schwiegermama ist natürlich irritiert. Was ist denn mit Petra los? Die war doch 15 Jahre lang anders? Es mögen ihr viele Dinge durch den Kopf gehen. Uns interessiert nichts davon!

Der Abend nimmt seinen Lauf und Helga bringt ihr vorläufiges Highlight hervor: »Oh, es gibt Kartoffelsalat. Sei mir nicht böse, aber den esse ich lieber nicht. Nachher ist die Mayonnaise noch schlecht. Dafür hast du doch sicher Verständnis.«

Petra ist durch ihre letzten zwei Antworten total beflügelt und mutig. Den Schutzschild hat sie vorsichtshalber erst gar nicht heruntergenommen und daher kommt die Antwort: »Aber na klar! Du kannst ja zum Nachtisch wieder einsteigen.«

Sie können sich das Gesicht von Schwiegermama bestimmt genauso gut vorstellen wie ich. Sie ist perplex und ich wette, dass sie doch ein Gäbelchen vom Kartoffelsalat probiert, wenn keiner hinguckt.

Was genau macht Petra anders? Sie ändert ihre innere Einstellung. Sie zieht den Stöpsel in ihrem Fass und lässt es leerlaufen. Sie lässt es einfach nicht mehr zu, dass Helga sie zur Weißglut treibt, denn sie möchte die Zeit mit ihren Jungs und ihrem Mann genießen. Sie möchte den Fokus verschieben. Entweder Helga macht mit oder aber eben nicht. Sie ist nicht unhöflich und sie bricht auch keinen Streit vom Zaun, aber sie zeigt ihre Grenzen.

LEKTION 8 – ZEIGEN SIE PROFIL!

Petra benutzt in unserem klischeeüberladenen Beispiel keine hoch komplizierte, ausgefeilte Technik. Aber statt zu schweigen, gibt sie diese Antworten:

- »Und wie, meine Liebe, und wie.«
- »Ja, die pinken waren leider aus!«
- »Aber na klar! Du kannst ja zum Nachtisch wieder einsteigen.«

Sie denken jetzt sicher: »Ja, aber diese Antworten müssen einem ja erst mal einfallen.«

Da haben Sie recht. Da sind wir wieder bei dem Punkt Talent. Der eine ist kreativ, der andere eben nicht. Aber trotzdem, wenn Sie dafür sorgen, dass die Atmosphäre für Sie selbst entspannt und Ihr Gehirn gut durchlüftet ist, dann kommen solche Antworten irgendwann von allein. Wichtig ist ja erst mal nur, dass Sie überhaupt reagieren. So kommen Sie aus der »Opferrolle« raus und geben die heiße Kartoffel zurück.

Petra hatte für sich beschlossen, dass sie sich nicht ärgern lassen will. Sie wollte ihrer Schwiegermutter keine

Angriffsfläche geben und das geht nur, indem sie ihren Schutzschild hochzieht und sich selbst liebt, wie wir schon gesehen haben. Und indem sie für etwas einsteht. Nämlich für sich selbst.

Stehen Sie zu sich, Ihren Werten und Ihrer Vorstellung davon, wie man mit Ihnen umzugehen hat. Denn Sie sind eine tolle Mama und Ehefrau. Die Schwiegermutter soll doch froh sein, dass Sie in die Familie gekommen sind. Stehen Sie dafür ein. Und fordern Sie sich Ihren verdienten Respekt ein.

Wenn Sie zu dieser Erkenntnis gelangt sind, werden Sie sehen, wie sich automatisch Ihre Körperhaltung verändert. Sie richten sich mehr auf und bekommen dadurch eine ganz andere Ausstrahlung. Und hier schließt sich der Kreis zum Schutzschild wieder: Mit Selbstliebe und Authentizität ist der Schutzschild in Zukunft so fest wie angetackert.

Genau diese Ausstrahlung ist wichtig, damit Sie nicht mehr so oft »Opfer« verbaler Attacken werden. Es gibt Menschen, bei denen würde man überhaupt gar nie auf die Idee kommen, sie anzugreifen. Weder offensichtlich noch subtil. Weil sie etwas Gewisses ausstrahlen. Und damit meine ich nicht, dass man Angst vor Ihnen bekommen soll. Nein, denn dann würde künftig niemand mehr mit Ihnen reden (und dann müssten Sie auch nicht schlagfertig sein).

Mir geht es eher um eine sympathische und vor allem authentische Ausstrahlung. Werden Sie zu einem »Typ«. Stehen Sie für etwas. Das inkludiert jede Menge Ecken und Kanten.

Schauen Sie sich zum Beispiel (männliche Beispiele zu finden, ist mir hier leider tatsächlich viel leichter gefallen) mal Helge Schneider und Udo Lindenberg an. Das sind natürlich extreme Exemplare, aber hier sieht man es ganz deutlich: Diese beiden Männer machen, was sie wollen, ohne sich zu scheren, ob sie anderen gefallen.

Um ein »Typ« zu sein, müssen Sie weder besonders groß, klein, dick, dünn, schön oder weniger schön sein. Sie müssen nur so sein, wie sonst keiner ist, ohne sich dafür anpassen zu müssen.

Helge Schneider und Udo Lindenberg sind sich immer treu geblieben und verkörpern eine ganz besondere Gattung: die »Ich passe in keine Schublade«-Gattung. Wenn, dann wären es Schubladen, die man extra für die beiden eröffnen würde. Die Helge-Schneider- und Lindenberg-Schubladen. Da käme aber dann auch kein anderer rein. Die zwei sind einzigartig, aus den verschiedensten Gründen. Dazu kommt natürlich, dass sie Erfolg haben. Aber haben Sie sich schon mal die Frage gestellt, was denn wohl zuerst da war? Der Erfolg oder der »Typ«? Wenn Sie mich fragen: der »Typ«.

Ich möchte wetten, dass die beiden eher selten verbal angegangen werden. Denn sie stehen für etwas und das verleiht ihnen Glanz und Mut und eine gewisse Unantastbarkeit.

Haben wir Frauen eher Probleme, uns jenseits des Mainstreams zu bewegen?

Warum ist das so? Trauen wir uns nicht, gegen den Strom zu schwimmen? Lassen wir uns gern in Schubladen stecken? Das wäre schade. Denn ich allein kenne so unglaublich viele Frauen, die eine eigene Schublade verdient haben. Warum fehlt uns Frauen oftmals der Mut zum eigenen »Typ«? Warum sind wir lieber perfekt als eckig und kantig?

WERTE?
Einige werden jetzt irritiert gucken: Werte? Was für Werte? Wer Profil zeigen will, braucht Werte. Derer müssen Sie sich bewusst sein.

Welche Dinge im Leben sind Ihnen wichtig? Möchten Sie gern mit Respekt behandelt werden? Möchten Sie, dass man Ihre Meinung achtet?

Ja, natürlich. Sofern Sie eine haben.

Ja, das war böse, aber sehr häufig ist es so, dass Menschen gar keine eigene Meinung haben. Sie lassen sich ihre Meinung von anderen bilden: Zeitungen, TV, Nachbarn, Eltern, Facebook ... Aus diesem Wust glauben sie sich eine Meinung gebildet zu haben, ohne auch nur eine Sekunde mal selbst über die Dinge nachgedacht zu haben.

Ich kann mir zu vielen Dingen eine Meinung bilden und zu noch mehr Dingen aber leider nicht. Weil ich nicht zu allem das nötige Hintergrundwissen besitze. Bei den Sachverhalten hingegen, die mich interessieren, besorge ich mir diese Informationen. Nicht über polemische Facebook-Posts, sondern aus seriösen Quellen. Dann kann ich ein Stück zurücktreten und bewerten: Wie sehe ich das? Wie stehe ich dazu?

SICHERES TERRAIN
Menschen mit einer guten Allgemeinbildung sind nicht automatisch schlagfertiger, könnten es aber sein. Je belesener Sie sind, desto mehr könnten Sie zu sagen haben. Ich

weiß, oftmals ist es genau andersrum: Von nix 'ne Ahnung und zu allem 'ne Meinung. Aber daran müssen wir uns ja kein Beispiel nehmen.

Auf einer Tagung von Mathematikprofessoren würden Sie mich zum Beispiel über Stunden schweigend erleben. Was soll ich da schon Sinnvolles beitragen? Also halte ich mich lieber zurück, denn manchmal ist »Reden Silber und Schweigen Gold«.

Aufgabe:

Reflektieren Sie diese Fragen:

♛ Was ist mir wichtig?

♛ Welche Werte vertrete ich?

♛   Was habe ich für Hobbys?

♛   In welchen Themen kenne ich mich richtig gut aus?

♛   Was mag ich überhaupt nicht?

Ich bin mir sicher, dass Sie eine ganze Zeit überlegen mussten. Und das ist auch gut so. Wann beschäftigen wir uns schon mal so intensiv mit uns selbst? Wenn Sie wissen, wer Sie sind, dann wissen Sie auch, wofür Sie einstehen. Viele von Ihnen haben bestimmt ein Steckenpferd, ein Gebiet, in dem Sie sich so richtig gut auskennen – sei es backen oder die Steuererklärung. Vielleicht können Sie noch dafür sorgen, dass es mehr von diesen Gebieten gibt. Belesen sein ist jedenfalls nicht hinderlich, wenn es um Schlagfertigkeit geht!

Wie auch immer Ihre Tabelle aussieht, es gilt: So wie Sie sich wünschen, dass man Ihnen begegnet, das sollten Sie auch ihrem Gegenüber geben.

Petra wusste an diesem Tag, für was Sie steht und was Sie sich wünscht. Petra wünscht sich grundsätzlich in ihrem Leben ein gewisses Maß an Harmonie, ohne dabei Konflikten aus dem Weg zu gehen. Aber sie mag Gradlinigkeit und verabscheut Hinterhältigkeit. Ihre Familie kommt für sie an erster Stelle und ihren Jungs bringt sie bei, dass man andere Menschen mit Respekt zu behandeln hat.

Daraus ergeben sich für Petra folgende Konsequenzen:

- ♛ Sie wollte nicht mehr beleidigt werden. In unserem Fall hat Petra den Vorwurf einfach überhört und nur das wirklich Gesagte kommentiert. Es gibt Schwiegermamas, für die reicht diese Antwort völlig aus, für manche kann, darf oder muss schwereres Geschütz ausgepackt werden.
- ♛ Sie wollte sich nicht mehr zu Unrecht kritisieren lassen. Der Baum ist schön, basta. Petra bedient

sich einfach einer absurden Antwort. Sie nimmt den Vorwurf wörtlich und antwortet bewusst überzogen. Auch hier kann ich nur wieder sagen: Der Ton macht die Musik. Wenn Sie »Die pinken waren leider aus« im Brustton der Überzeugung sagen, haben Sie die Lacher auf Ihrer Seite.

♛ Sie wollte sich einfach nicht mehr ärgern. Wenn die Schwiegermutter aus Prinzip und reiner Boshaftigkeit ihr Essen nicht mag, ist das nicht ihre Baustelle.

STÄNDIGE GRENZÜBERTRETER

Haben Sie schon mit Ihren Freundinnen die Übung zum Thema Selbstliebe gemacht? (Kapitel 7) Wissen Sie jetzt, warum Sie eine liebenswerte und achtsame Person sind? Ich hoffe, ja. Denn wenn Sie das jetzt wissen, dann kommen Sie automatisch beim nächsten »Angriff« zu einer grundwichtigen Erkenntnis:

So darf man nicht mit mir umgehen! Denn ich bin wer und ich kann was. Ich kann so gut wie kein anderer Matten nach dem Bodenturnen wegräumen und das macht mir auch so schnell keiner nach.

Und deswegen darf niemand so mit mir reden. Nicht heute, nicht morgen und überhaupt gar nie.

Sie selbst ziehen die imaginäre Grenze, wo für Sie eine Beleidigung anfängt und was Sie sich gefallen lassen möchten.

Ich persönlich habe sehr weite Grenzen. Ich kann gut was wegstecken, weil ich mich zur Wehr setzen kann. Und ich ziehe mir eben nicht jeden Schuh an. Vieles prallt sofort an mir ab. Da ich aber schon mal gern flapsige Sprüche verteile, darf ich natürlich nicht bei einem

Konter einschnappen wie ein BKS-Schloss. Wie haben wir schon so schön gelernt? Wer austeilen kann, muss auch einstecken können.

Egal, wo Ihre persönlichen Grenzen liegen – sollte sie jemand übertreten, werden Sie nicht gleich zur Furie! Viele Frauen verwechseln schlagfertig manchmal mit zickig. Die Erwiderungen »Wenn Du meinst ...« oder »Guck dich doch mal an« sind überhaupt nicht schlagfertig, sondern lassen Sie nur beleidigt wirken.

Bleiben Sie cool! Wenn Sie zeigen, dass Sie sich ärgern, hat Ihr Gegenüber schon gewonnen. Heinrich Böll sagte schon: »Höflichkeit ist die sicherste Form der Verachtung!«

Wenn Sie merken, dass es Menschen in Ihrer Umgebung gibt, die Ihre imaginäre Grenze dauerhaft und mit voller Wucht übertreten, sollten Sie sich diese Menschen vielleicht mal genauer anschauen.

Sie haben eine Meinung, zu der Sie auch stehen können. Wenn Sie sich eine fundierte Meinung bilden, knicken Sie nicht ein wie ein Fähnchen, sobald ein leichter Gegenwind kommt. Doch unsere Werte und unser Profil schützen uns nicht vor denen, die unsere persönlichen Grenzen übertreten. Es gibt Menschen in unserem Leben, die tun dies ständig. Statt die Schuld bei sich selbst zu suchen, könnten Sie sich eine andere Frage stellen: Warum sind diese Menschen überhaupt noch in meinem Leben?

Mag sein, dass eine Krebserkrankung rigoroser macht, aber muss man denn immer bis zu einem Schicksalsschlag warten? In meinem Fall musste ich mich nur von ganz wenigen Menschen trennen, das war eine gute Erfahrung. Erstens weil es eben nur wenige waren und die meisten

Freundschaften bestehen blieben und zweitens weil auch Trennungen von Menschen etwas Befreiendes haben.

Wenn Sie also ein paar ständige Grenzübertreter im Bekanntenkreis bemerken sollten, haben Sie mehrere Möglichkeiten:

 Die Aussprache. Wenn Ihnen an der Beziehung zu dem Menschen liegt, aus welchen Gründen auch immer und mögen sie nur nostalgischer Natur sein, dann hilft manchmal ein klärendes Gespräch unter vier Augen. Bestehen Sie auf die Vier-Augen-Situation, alles andere führt zu nichts, und dann halten Sie es wie in der klassischen aggressionsfreien Kommunikation. Bleiben Sie bei sich und den vier wesentlichen Aspekten: Beschreiben Sie Ihre Beobachtung, formulieren Sie daraus Ihr Gefühl und Ihr persönliches Bedürfnis und runden Sie es dann mit einer Bitte ab – »Ich sehe, du bist sauer auf mich. Das macht mich traurig. Ich würde mich freuen, wenn wir das aus der Welt schaffen könnten. Vielleicht reden wir in Ruhe darüber?«

Es gibt zahlreiche gute Literatur zu diesem Thema und dieser Weg kann eine gute Option sein. Manchmal ist es der betreffenden Person wirklich nicht bewusst und Sie ändern dies mit einem offenen Gespräch.

 Kontra geben. Das haben wir eben an dem Beispiel von Petra gesehen. Bei Menschen, um die sie (scheinbar) nicht drum herumkommen, sollten Sie Ihre Flagge hochhalten.

♛ Tschüss sagen. Sie glauben, das geht nicht? Und wie das geht! Trennen Sie sich von den Menschen, die Ihnen nicht guttun. Sie brauchen noch nicht mal eine Begründung dafür. Und falls doch nach einer gefragt wird, reicht eigentlich ein »Ich möchte meine Zeit nicht mit dir verbringen«. Menschen, denen bewusst ist, dass Sie nur eine begrenzte Zeit hier auf Erden haben (wie wir alle), haben garantiert kein Problem damit. Man nimmt es Ihnen noch nicht mal übel. Aber warum dann so lange warten? Nicht jeder muss jeden mögen und manchmal trennen sich eben die Wege. Und wenn man dafür zwanzig Jahre braucht ...

Die Lektion 8 lautet also:
Zeigen Sie deutlich Ihre Grenzen!

Das geht einfacher, wenn Sie den Schutzschild oben haben! Und noch einfacher, wenn Sie sich selbst mögen. Sie sind wer und Sie können was. Sie sind vielleicht, wie in unserem Beispiel, eine tolle, berufstätige Mama, haben eine liebende Familie und das Recht auf frohe Weihnachten. Sie haben einen toll geschmückten Baum und einen total leckeren Kartoffelsalat. Entweder man weiß das zu schätzen oder eben nicht!

An diesem Beispiel zeigt sich sehr deutlich, dass allein durch unsere Einstellung zu gewissen Dingen ganze Szenarien ins Gegenteil verkehrt werden können. Die Schwiegermutter hat sich ja nicht geändert, der Ehemann auch nicht, es war ganz allein Petra mit ihrer neuen Einstellung.

Ein anderes Szenario: Wenn Ihnen eine extrem teure Vase kaputt geht, dann ist das bestimmt doof. Sie bekommen sie aber nicht heile, nur weil Sie sich besonders stark ärgern. Die Vase bleibt dann leider immer noch zerbrochen. Da haben Sie keinen Einfluss mehr drauf. Auf Ihre Laune aber schon ...

TREUE!
Erst wenn Sie wissen, wer Sie wirklich sind, wissen Sie auch, ob es sich lohnt, sich selbst treu zu bleiben. Glauben Sie mir, es lohnt sich!

Leider sehe ich sehr oft, auch bei den Damen meiner Generation, immer noch eine Tendenz zur Anpassung seitens der Frauen.

Der neue Freund ist Fußballfan? – Fußball fand ich schon immer toll! Und die Samstage sind ja eh oft so langweilig, da komme ich doch gern mit ins Stadion!

Der neue Freund ist Raucher? – Gar nicht schlimm! Eigentlich finde ich den Zigarettengeruch doch ganz angenehm!

Der neue Freund ist Kunstsammler? (Achtung: Ähnlichkeiten zu lebenden Models, die ursprünglich auch aus Bergisch Gladbach kommen, sind reiner Zufall!) – Kunst? Das war schon immer meine Leidenschaft. Wie schön, dass ich sie endlich einmal ausleben kann.

Wir Frauen wollen gefallen. Mehr den anderen als uns selbst. Mir fällt dazu eine wundervolle Szene aus *Sex and the City* ein. (Übrigens, und ich weiß, dass ich mich jetzt vermutlich sehr unbeliebt mache, aber Carrie ist auch so eine Frau, die sich immer den Männern angepasst hat! Aber egal ...) In der Szene, die ich meine, geht es um Samantha und ihren jüngeren Model-Freund. Die beiden leben – für Samanthas Verhältnisse – schon sehr lange zusammen und irgendwann hält sie es nicht mehr in dem schicken Strandhaus in diesem perfekten Leben aus. Sie will sich von ihm trennen und er fragt sie: »Liebst du mich denn nicht mehr?«

Samantha antwortet: »Ich liebe dich, aber ich liebe mich mehr!«

Eine Schlüsselszene, wie ich finde. Samantha wollte nicht ihre eigene Identität für einen Mann aufgeben. Sie ist sich selbst treu geblieben und verlässt dafür die Liebe ihres Lebens. Drastisch, aber konsequent und bewundernswert!

Wenn wir Frauen kommunizieren, pflegen wir gleichzeitig Beziehungen. Wir bewegen uns fast immer auf der emotionalen Ebene. Wir möchten, dass sich die Menschen in unserer Umgebung wohlfühlen. Wenn dem nicht so ist, fangen wir an zu grübeln. Meist über uns selbst mit der Frage: Was habe ich falsch gemacht? Wir lesen zwischen den Zeilen, interpretieren und analysieren.

Männer hingegen kommunizieren fast immer auf der Sachebene. Das ist auch der Grund, dass Männer verbale »Angriffe« ganz anders einsortieren, als Frauen das gewöhnlich tun. Damit beschäftigen wir uns in Kapitel 17.

LEKTION 9 – KÖRPERSPRACHE

Egal, ob in beruflichen oder privaten Situationen. Wenn Sie etwas nur für sich in Ihren nicht vorhandenen Bart nuscheln, können Sie sich den besten Konter sparen. Er wirkt nicht.

> Lektion 9:
> **Denken Sie an die Wirkung Ihrer Körpersprache!**

Es gibt ein paar Regeln, die Sie bei Ihrer Haltung und Mimik beachten können, um Ihrer Botschaft Ausdruck zu verleihen.

DER RICHTIGE BLICK
Besonders wir Frauen können mit Blicken mehr sagen als mit tausend Worten. Überlegen Sie sich doch nur mal, was allein der Blick alles ausdrücken kann: Verachtung, Belustigung, Wut, Liebe, Neid und vieles mehr.

Wenn Sie zu den Glücklichen gehören, die eine Augenbraue einzeln hochziehen können, dann können Sie das Buch eigentlich weglegen.

Ich kann das auch. Allerdings muss ich dafür die andere Augenbraue festhalten und das wirkt dann nicht mehr so schlagfertig.

Sie können mit einem Blick oftmals mehr ausdrücken, als das der beste Konter könnte. Mit dem richtigen Blick und vielleicht einem kleinen Zischton holen Sie sich Ihre Souveränität wieder zurück. Denken Sie an unsere erste Geschichte zurück. Wenn die gute Lisa ihrer lieben Kollegin einfach einen verachtenden und zugleich belustigenden Blick zugeworfen hätte, hätte das schon gereicht, um als Gewinnerin aus der Situation herauszugehen.

Aufgabe:
Üben Sie vor dem Spiegel! Welche Botschaften können Sie allein durch den Blick vermitteln?

DIE KOMBINATION

Wenn Ihnen eine richtig gute Antwort einfällt, sollten Sie sie unbedingt mit dem richtigen Blick versehen. Dabei gibt es ein paar Dinge zu beachten:

- ♛ Nehmen Sie zu Beginn Ihrer Antwort unbedingt Blickkontakt auf.
- ♛ Dafür müssen Sie im Zweifel aufstehen oder sich umdrehen, wenn der »Angreifer« hinter Ihnen steht.
- ♛ Wenn Sie mit Ihrer Antwort fertig sind, wenden Sie den Blick zur Seite ab (!), nicht nach unten (das bedeutet Unterwürfigkeit).

Sie können den Blickkontakt auch weiter halten, aber was signalisieren Sie damit? Genau. Sie eröffnen den Ring für eine weitere Runde. Das kann man machen, aber man muss es dann auch aushalten können. Halten Sie den Blick und wenden ihn nicht ab, so ist das reine Provokation, um sein Gegenüber um eine erneute Antwort zu bitten. Dessen sollten Sie sich bewusst sein.

Wenn Sie im Sitzen »angegriffen« werden, kann es ratsam sein, aufzustehen, um die richtige Augenhöhe zu erreichen. Allein in die Art und Weise, wie Sie aufstehen, können Sie sehr viel Bedeutung hineinlegen.

Wenn Sie buchstäblich mit dem Rücken zur Wand stehen, gehen Sie einen Schritt zur Seite, um Ihr Gegenüber herum. Wenn Sie diesen halben Schritt langsam und bedächtig mit einem tiefen Seufzer versehen, kann das auch schon Antwort genug sein.

Das sind alles kleine Signale, die jedoch in der Summe eine große Wirkung zeigen. Wir alle wissen um die Wirkung nonverbaler Kommunikation.

HALTUNG, BITTE!
Es gibt zahlreiche Literatur über die vermeintlich richtige Körperhaltung und was Sie alles allein über Ihre Haltung zum Ausdruck bringen können. Ich selbst habe im Laufe meiner Tätigkeit als Verlagsleiterin und Trainerin sehr viele Weiterbildungen zu diesem Thema besucht und weiß daher, dass ich eines nicht mag: überschulte Menschen. Menschen, die jegliche Natürlichkeit und Authentizität verloren haben, nur um ihr Gegenüber nach ihrem Willen zu beeinflussen.

Bewahren Sie sich bitte eine charmante Natürlichkeit und seien Sie sich einfach bewusst, dass bestimmte Dinge bestimmte Wirkungen haben. Allein dieses Reflektieren reicht meist schon aus, damit wir aufrechter durchs Leben gehen.

Ich möchte an dieser Stelle nur kurz auf das eingehen, was mir speziell bei Frauen besonders auffällt. Die »Ich bin ja so süß und gefalle allen«-Haltung:

Die Hüfte knickt nach außen und die Arme bewegen sich Richtung Hüfte. Der Kopf wird leicht schräg gelegt und im Gesicht macht sich ein kokettierendes Grinsen breit. Ich bin mir sicher, Sie haben ein Bild vor Augen.

Wenn Sie abends unterwegs sind und flirten wollen, ist es mit Sicherheit angebracht und auch wirkungsvoll. Bei allen anderen Gelegenheiten ist diese Haltung schwierig, leider sieht man sie dennoch sehr häufig. Ja, können Sie machen, degradiert Sie allerdings zum kleinen Mäuschen, das jedem (im Speziellen Männern) gefallen will.

Wir sind keine kleinen Mäuschen, wir sind gestandene Frauen. Die Hüfte bleibt bitte gerade, die Beine in leicht geöffnetem Stand, möglichst auf Hüftbreite. Achten Sie auf Ihre Fußspitzen. Drehen Sie sie eher nach außen als nach innen. (Nach innen sieht leider sehr dümmlich aus.)

In einer wichtigen Verhandlung, in der es für Sie um etwas geht, weil Sie von Ihrem Gegenüber etwas wollen, sollten Sie Ihren Kopf bitte unbedingt gerade halten. Ein schräger Kopf, so sagen die Körpersprache-Experten, unterstreicht die Harmlosigkeit. Es gibt viele Situationen, in denen das angebracht ist, aber eben auch einige, in denen es fehl am Platz ist.

Legen wir den Kopf schief – und das machen wir Frauen sehr gern –, so offenbaren wir unsere Halsschlagader und erzeugen damit eine völlig arglose Ausstrahlung. Wenn Sie mit Mitarbeitern ein ernstes Gespräch führen müssen, können die vielleicht harten Worte durch dieses Signal etwas entschärft werden. Wenn Sie Ihr Kind trösten, weil es hingefallen ist, wenn Sie Ihre Freundin mit Worten umarmen – bei all diesen Situationen macht es Sinn.

Aber wenn Sie Ihren Worten einen ernsten Ausdruck verleihen wollen, eben leider nicht.

Preisfrage an die Damen: Was machen wir mit den Armen?

In meinen Seminaren lasse ich die Frauen bei der Körpersprache-Übung aufstehen. Dann probieren sie sich selbst im festen Stand. Nach ungefähr zwei Minuten werden die Ersten leicht hibbelig, weil sie nicht wissen, was mit ihren Armen zu tun ist. Ich glaube, der Grund, warum wir Frauen so handtaschenverrückt sind, ist der, dass unsere Arme so etwas zu tun haben.

Sie können sich natürlich im freien, festen Stand mit der Angela-Merkel-Raute versuchen oder die Arme verschränken, wenn Sie aufmerksam zuhören. Sie können aber auch etwas total Verrücktes machen: *nix!*

Versuchen Sie doch einfach mal, die Arme runterhängen zu lassen. Wenn Ihr Rücken gerade ist, Ihr Stand fest und Ihr Blick stark, fühlt sich das auch gleich nicht mehr ganz so befremdlich an.

Beim freien Reden können Sie auch gern einen Arm anwinkeln und diesen zum Gestikulieren benutzen. Sie können einen Stift in die Hand nehmen, aber den müssen Sie dann auch benutzen, sonst irritieren Sie Ihr Publikum und irgendwann fragt sich ein Jeder: Was will die verdammt noch mal mit dem Stift?

BITTE LÄCHELN?!
Sicherlich, ein Lächeln öffnet zunächst alle Türen und heißt Ihr Gegenüber willkommen. Leider lächeln wir Frauen etwas zu oft – und das auch noch mit schrägem Kopf! Harmloser geht es gar nicht mehr. Im Lächeln liegen wichtige Komponenten, die uns Frauen häufig anerzogen sind: bescheiden sein, anderen gefallen und für gute Stimmung sorgen.

Ein Lächeln kann das alles und wenn Sie das gern machen, so ist überhaupt nichts dagegen einzuwenden.

Aber wenn Sie beim Chef eine Gehaltserhöhung (siehe Kapitel 28) durchbekommen wollen, wirkt es unsicher und zurückhaltend.

Schlimmer noch – die Technische Universität München hat in einer Studie herausgefunden, dass lächelnden Frauen weniger Führungsqualitäten zugetraut werden. Es wurde nicht belegt, ob sie weniger »Führungswillen« mitbringen, es wurde nur gezeigt: Man traut es ihnen nicht zu!

Frühere Studien hatten bereits belegt, dass Menschen, die den Willen ausstrahlen, Führungskraft zu übernehmen, diese auch häufiger angeboten bekommen. Schon befinden wir uns wieder bei der Aufwärts- oder Abwärtsspirale.

DER TON MACHT DIE MUSIK
Wo wir gerade bei der Körperhaltung und dem Thema »Lächeln« waren, betrachten wir nun kurz das Thema Stimme. Auch hier gibt es wieder bessere Spezialisten, als ich es bin. Daher möchte ich Ihnen nur beschreiben, was ich bei vielen Verkaufstrainings beobachtet habe.

Ich trainiere sehr oft unterschiedliche Firmen im Verkauf, sowohl im persönlichen als auch im Telefonverkauf. Jetzt werden viele von Ihnen denken: »Puh, Gott sei Dank bin ich nicht im Verkauf oder im Vertrieb.«

Das mag sein, Fakt ist aber, dass Sie jedes Mal, wenn Sie ans Telefon gehen, jedes Mal, wenn Sie mit einem Kunden sprechen, die Firma und auch sich selbst verkaufen.

Umso unbegreiflicher ist es mir, dass Unternehmen nicht genügend Aufmerksamkeit auf ihre Telefonzentrale legen. Sicherlich gehört diese Abteilung nicht in den

Vertrieb, aber sie ist der erste Kontakt. Sie ist so wichtig wie die Visitenkarte. Wenn der Kunde hier schon unzufrieden ist, muss der Vertrieb doppelte Arbeit leisten.

Schlussendlich: Mit allem, was Sie tun und von sich geben, verkaufen Sie sich selbst. Wenn Sie am Telefon nicht verbindlich sind, fällt das auf die Firma, aber auch auf *Sie* zurück. Eigentlich sitzen wir alle immer im Verkauf.

Wesentlich, sowohl am Telefon als auch im persönlichen Gespräch, ist unsere Stimme. Wir Frauen haben schöne Stimmen, meist freundlich und so gar nicht aggressiv. Aber unsere Stimmen sind von Natur aus höher als die der Männer und wenn wir nervös werden, klettert diese eh schon hohe Stimmlage noch weiter rauf. Es schnürt uns die Kehle sprichwörtlich zu, sodass wir nur noch ein Krächzen hervorbringen. Und das drückt dann noch mehr Nervosität und Unsicherheit aus.

Tiefere Stimmen klingen einfach ruhiger und souveräner. Eine schöne Stimme verzaubert uns binnen Sekunden. Sie drückt Wärme, Zuverlässigkeit, Verbindlichkeit oder Vertrauen aus. Eine schrille Stimme hingegen kann so nervtötend sein, dass wir uns einfach nur wünschen, das Gegenüber würde endlich die Klappe halten.

Wenn Sie also in Zukunft mit schlagfertigen Antworten parieren wollen, so ist auch die Stimmlage dabei wesentlich.

-  Sprechen Sie nicht zu schnell.
-  Versuchen Sie, möglichst tief in Ihrer Stimmlage zu bleiben und sie auch bei Nervosität unter Kontrolle zu bringen.

Kein Sänger geht auf die Bühne, ohne sich vorher einzusingen. Auch Sie können Ihre Stimme trainieren!

- ♛ Eine kräftige Stimme braucht Platz, denn entscheidend ist die Luftversorgung. Sitzen oder stehen Sie aufrecht, so bekommt das Zwerchfell mehr Raum.
- ♛ Atmen Sie durch die Nase langsam aus und wieder ein. Während die Luft ausströmt, summen Sie kräftig ein »Mmmhhh«. Die Stimme bekommt mehr Resonanz und Volumen und Sie mehr Klanggefühl.
- ♛ Nichts ist so langweilig wie eine monotone Stimme. Zuhörer ziehen Sie in den Bann durch Abwechslung. Sprechen Sie mal laut, mal leise, mal langsam mal schnell. Übrigens funktioniert das auch bei Kindern! Wenn Sie immer nur hysterisch schreien, wird das kein Kind auf lange Sicht interessieren. Versuchen Sie es doch mal ganz ruhig, leise und besonnen.

SO WEIT, SO GUT

Bevor wir uns an die verbalen Möglichkeiten der Schlagfertigkeit begeben, gucken wir uns noch mal an, was wir bis hierhin gelernt haben!

- Lassen Sie Dinge an sich abprallen: Ziehen Sie Ihren Schutzschild hoch!
- Schuhe, die uns nicht passen, ziehen wir nicht an.
- Fangen Sie an, sich selbst zu lieben.
- Wer austeilen kann, ist gefährlich, aber wer einstecken kann, ist unantastbar.
- Wir sind perfekt, so wie wir sind!
- Berechtigte Kritik: Ein »Tut mir leid« ist in gewissen Situationen auch für eine Schlagfertigkeitsqueen angebracht.
- Humor: Lernen Sie, über sich selbst zu lachen!
- Zeigen Sie deutlich Ihre Grenzen!
- Denken Sie an die Wirkung der Körpersprache.

Das alles sind Dinge, die nicht von heute auf morgen passieren. Wie so vieles im Leben ist auch dies ein Prozess auf dem Weg hin zur Schlagfertigkeitsqueen. Ich kann an dieser Stelle lediglich einen Samen in Ihren Köpfen pflanzen. Sie selbst müssen ihn gießen und pflegen. Und das am besten täglich.

Teil II

GLITZER

Techniken, die jede lernen kann

FRAUEN – MEISTERINNEN DER SPITZFINDIGKEITEN

»Nur wer sich ändert, bleibt sich treu.«
Wolf Biermann

Richtig gute Freundinnen erkennt man an einer klaren Sprache. »Du sahst aber auch schon mal besser aus«, wurde ich zum Beispiel morgens im Kindergarten von einer Freundin begrüßt. Sie hatte recht damit. Ich sah wirklich grottig aus. Ich mag so klare Worte. Wenn sie von Menschen kommen, die ich mag. Die anderen sagen besser nichts.

Sehr häufig kommt es aber vor, dass Frauen sich untereinander an Spitzfindigkeiten überbieten. Tina und Julia sind nicht wirklich befreundet, aber sie haben seit Jahren die gleichen Wege. Die beiden Töchter sind im gleichen Alter. Und so kreuzten sich die Wege von Tina und Julia erst im Geburtsvorbereitungskurs, dann beim PEKiP, in der Rückbildung, der Krabbelgruppe, beim Babyschwimmen, Yoga für gestresste Mamas, VHS-Kurs »Kochen statt Gläschen«, im Kindergarten, beim Bauch-Beine-Po-Kurs, Japanisch für Kleinkinder, VHS-Kurs »Hochbegabte Kinder« ... bis hin zur Grundschule. Die beiden waren sich eigentlich auf den ersten Blick unsympathisch. Vielleicht weil sie sich so ähnlich sind …? Aber anstatt sich einfach zu ignorieren und die andere nicht weiter zu beachten, herrscht seit Jahren ein unausgesprochener Konkurrenzkampf. Zu Beginn nur unter den Frauen, jetzt wird es über die Kinder weitergeführt. Die beiden Mädchen mögen sich übrigens aufrichtig gern.

Auf einer Schulfeier begegnen sich die Frauen wieder.

»Hallo, Julia, wir haben uns ja lange nicht mehr gesehen. Welcher Kuchen vom Büfett ist denn von dir?«

»Hallo, Tina. Ja, ich gehe ja wieder arbeiten. Es gibt Frauen, die ihr eigenes Geld verdienen wollen, weißt du. Der russische Zupfkuchen ist von mir.«

»Das hätte ich mir ja denken können. Aber nun ja, jeder setzt halt seine Prioritäten anders.«

»Genau, liebe Julia, der eine backt gern, der andere kocht lieber und wieder ein anderer gönnt sich mal einen Friseurbesuch.«

Übersetzen wir doch mal dieses Gespräch:

»Hallo, Julia, Mensch, war das schön in der Zeit, in der ich dich nicht gesehen habe! Hast du wenigstens was gebacken zum Schulfest?«

»Hallo, Tina, du faule Nuss. Ich habe es nicht so gut wie du. Ich muss nämlich arbeiten und kann nicht auf der faulen Haut liegen. Und ja, ich habe sogar trotzdem noch gebacken: einen russischen Zupfkuchen.«

»Das war ja klar. Du nimmst 'ne olle Backmischung. Hast wohl keine Zeit mehr zum Backen?«

»Nö, ich mag russischen Zupfkuchen. Und meine Zeit investiere ich lieber in andere Dinge. Würde ich dir auch empfehlen. Dein letzter Friseurbesuch scheint ja schon 'ne Weile her zu sein!«

Und so würde das Gespräch unter Männern laufen:
»Tag, Tom! Alles gut?«
»Hey! Jo! Bisschen Stress auf der Arbeit gerade. Aber sonst alles gut.«
»Kenn ich. Aber Kuchen haste noch geschafft?«
»Nee, hab ich eben beim Bäcker gekauft.«
»Na, das nenn ich mal 'ne gute Idee. Schmeckt bestimmt besser als meiner.«

Ja, man kann sich jetzt darüber streiten, wer das einfachere Leben führt.

Marilyn Monroe hat mal gesagt: »Es macht mir nichts aus, in einer Männerwelt zu leben, solange ich eine Frau in ihr sein kann.« Aber Hand aufs Herz: Manchmal machen wir uns das Leben doch selbst extra schwer. Männer sind da simpler und das meine ich keineswegs negativ. Sie sagen Dinge so, wie sie es meinen. Wir Frauen hingegen beleidigen uns subtil freundlich. Ich empfinde diese Art der Kommunikation irgendwie als anstrengend. Es ist ja schön, dass wir es können, aber es kostet auf Dauer sehr viel Energie. Und es hat mit einer aufrichtigen Beziehung gar nichts zu tun.

Die Frage ist, ob wir das wollen und ob das überhaupt sein muss. Können wir uns solchen Spitzfindigkeiten nicht entziehen? Was machen wir mit Menschen, die uns immer wieder begegnen und die uns so reizen?

Ich kann Ihnen da leider kein Universalrezept geben. Meine Auffassung dazu ist ziemlich polarisierend. Ich möchte Ihnen nur den Denkanstoß geben, dass Dinge, die vielleicht schon lange so laufen, trotzdem nicht genauso weiterlaufen müssen. Nichts ist in Stein gemeißelt. Sie dürfen durchaus Beziehungen und Kommunikationsarten hinterfragen und Ihre Meinung ändern. Sie dürfen neue Standpunkte für sich erkennen und Neues wagen. Was man dazu braucht, sind Mut und Gelassenheit. Und wenn wir uns eines bei den Herren der Schöpfung abgucken können, dann ist es Gelassenheit.

MÄNNER – MEISTER DER GELASSENHEIT

*»Manche Männer bemühen sich lebenslang,
das Wesen einer Frau zu verstehen.
Andere befassen sich mit weit weniger
schwierigen Dingen, zum Beispiel der
Relativitätstheorie.«*
Albert Einstein

Das, was ich zu Hause zu viel rede, redet mein Mann zu wenig. Das ist keineswegs abwertend gemeint. Ganz im Gegenteil. Ich bewundere ihn für seine Gelassenheit, ohne den dringenden Wunsch, Dinge geraderücken zu müssen. »Interessiert mich nicht, was der sagt. Ich weiß ja, dass es nicht stimmt.« Diese abgeklärte Ruhe wünsche ich mir manchmal auch.

Man kann Männern ja viel nachsagen. Aber ich behaupte einfach mal, Männer sind nicht so begabt im Durch-die-Blume-Sagen wie Frauen. Das hat zur Folge, dass sie auch nicht so viel durch die Blume verstehen.

Es gibt zahlreiche Beispiele in der Literatur, in Comedy-Formaten und Filmen, die sich dem Problem der

Kommunikation zwischen Männern und Frauen widmen. Vor Kurzem durfte ich selbst Zeugin davon werden, wie sich dieser Unterschied auf die Schlagfertigkeit auswirkt und dass wir von Männern wirklich einiges lernen können.

Ich war in München in einem Unternehmen zu Gast, das das Schlagfertigkeitstraining exklusiv gebucht hat. Eine kleine Gruppe hoch kreativer, intelligenter Menschen, darunter auch zwei Männer. Aber zwei äußerst angenehme Exemplare!

Die Herrschaften waren in der Versicherungsbranche beheimatet. Auch in diesem Training haben wir uns zunächst den Grundvoraussetzungen gewidmet, bevor wir uns konkrete Beispiele aus ihrem Alltag angeguckt haben. Es stellte sich schnell heraus, dass den Frauen ad hoc wesentlich mehr Beispiele der Sprachlosigkeit einfielen als den Männern.

Die Szene lief ungefähr so:

Trainerin, also ich: »Was für Beispiele sind Ihnen noch eingefallen? Wann waren Sie das letzte Mal sprachlos?«

Teilnehmerin 1: »Ja, da gab es letztens so eine Situation. Da rief mich eine Kollegin an, die – wie wir alle – auch schon mal vom Homeoffice aus arbeitet. Diese Kollegin meint immer, besonders hervorheben zu müssen, wie viel Stress sie hat. Sie meinte zu mir: ›Also, was ihr da so den ganzen Tag macht, das verstehe ich nicht. Bei *mir* biegt sich der Schreibtisch nur so durch.‹ Da wusste ich nichts drauf zu antworten.«

Ich: »Was hätten Sie rückblickend am liebsten gesagt?«

Teilnehmerin 1: »Dass mir diese Wichtigtuerei auf den Senkel geht. Dass ich diese ewigen Unterstellungen, wir würden nicht genug arbeiten, satthabe. Aber ich bin ihr ein ganz bisschen unterstellt und da muss ich vorsichtig sein.«

Teilnehmerin 2: »Ja, das ist bei der Kollegin nicht ganz so einfach. Die ist sehr spitzfindig. Wahrscheinlich hat sie auf das Projekt XY angespielt.«

Teilnehmerin 1: »Ja, das glaube ich auch. Vor ein paar Wochen sagte sie so etwas Ähnliches in ähnlichem Zusammenhang. Schwierig. Sie hat mir ja unterstellt, dass ich faul bin, oder?«

Ich: »Hat sie das? Herr Müller, Sie als Mann, wie hätten Sie auf ›Bei *mir* biegt sich der Schreibtisch durch ...‹ geantwortet?«

Teilnehmer 3: »Äh, ich hätte gesagt: ›Dann lass uns schnell auflegen, wenn du so viel zu tun hast.‹«

Seine Kolleginnen haben ihn völlig entgeistert angeschaut. Dann schauten sie mich an. Und wieder ihren Kollegen. Bis dann die erste Dame sagte: »Das ist genial, David.« Das fand ich allerdings auch.

Was war hier passiert? Der Kollege, David, der sich seiner Genialität nicht bewusst war, hat diesen vermeintlichen »Angriff« gar nicht als solchen gesehen. »Sie hat doch nur gesagt, dass ihr Schreibtisch voll ist. Und dass sie nicht weiß, was ich so mache. Das hat doch nix mit mir zu tun.«

Ach Mädels, wie schön wäre es, wenn wir uns ein bisschen davon abgucken könnten! Es sei mal dahingestellt, wie die Dame das gemeint hat, Fakt ist doch etwas ganz anderes. Wenn wir es schaffen, genau wie David, Dinge einfach nicht zu hören, nicht zu interpretieren, nicht zwischen den Zeilen zu lesen, dann kommen wir doch erst gar nicht in Stress. An David ist dieser Spruch, der für ihn gar keiner war, abgeperlt wie an einer Teflon-Pfanne. Und noch etwas passiert. Wir als Frauen wissen natürlich, dass die besagte Kollegin uns mit Sicherheit etwas durch die Blume zugehaucht hat. Aber was glauben Sie, wie sich Madame nach der Antwort »Dann lass uns schnell auflegen, wenn du so viel zu tun hast« fühlt? Sie ist irritiert, vielleicht sogar frustriert. Und sie wird Ihnen nie mehr einen solchen Satz entgegenbringen.

Sie kann sich ja auch nicht erklären, denn dafür müsste sie hinter ihrer Blume hervorkommen und glauben Sie mir: So viel Mumm haben die Menschen nicht. Ich habe noch nie erlebt oder gehört, dass einer nachschießt mit: »Hallo? Hast du nicht verstanden, was ich dir da gerade durch die Blume geflüstert habe?« Nee, das wird nicht passieren. Sie lassen die Kollegin ins Leere laufen und ich garantiere Ihnen, dass sie darauf sprachlos ist. Ein bisschen wie bei diesen schrecklichen Stierkämpfen. Der wütende Stier läuft und läuft, sammelt all seine Kräfte und Sie ziehen im letzten Moment das Tuch weg. Er läuft ins Leere, verschwendet Energie und ist geschwächt.

Was genau können wir uns also von David abgucken? Es ist mehr als allein den Schutzschild hochziehen. Es ist auch ein bisschen von: Ich bin nur für das verantwortlich, was ich sage, nicht für das, was du verstehst.

Es ist die Fähigkeit – und liebe Herren der Schöpfung, verzeihen Sie mir den Ausdruck! –, einfältig zu denken. Liebe Damen, lasst uns einfach ein bisschen weniger denken, interpretieren, kommentieren, fachsimpeln, überlegen, mitdenken, um die Ecke denken … lasst uns ein bisschen einfältig sein.

Lieber David, an dieser Stelle sei ganz klar gesagt: Du bist nicht einfältig! Du hast nur – für unsere Verhältnisse – einfältig gedacht. Einen Riesendank dafür!

TECHNIK 1 – NICHT ZU VIEL DENKEN!
ODER: INS LEERE LAUFEN LASSEN

David aus unserem Beispiel hat es uns gezeigt: Seien Sie der Torero, der das Tuch einfach wegzieht.

Stellen Sie sich bitte eine Situation im Büro vor. Sie sitzen mit vielen Mitarbeitern im Meeting und gerade lautet das Thema Beförderung. Die Kollegin, die Ihnen gegenübersitzt, wettert auf einmal los. Ohne Sie zu erwähnen, ist durch ihren Blick und ihre Gestik völlig klar, dass sie Sie meint:

»Tja, bei uns werden die Posten ja anscheinend nach Rocklänge vergeben.«

Ja, Sie tragen gern Röcke. Warum? Weil Sie schöne Beine haben. Das brauchen Sie auch nicht mit dieser netten Dame abzusprechen. Ja, durch deren Gestik sind höchstwahrscheinlich Sie gemeint. Aber gesagt hat die Dame das ja nicht. Sie hat erst mal nur eine sehr waghalsige Behauptung aufgestellt, die Sie zunächst nicht auf sich beziehen müssen.

Wenn wir wieder David von eben zum Vorbild nehmen und weniger denken, weniger interpretieren, so fällt Ihnen relativ schnell folgende Antwort ein: »Wirklich? Das kann ich ja gar nicht glauben. Das ist ja ein Ding!«

Sagen Sie es entrüstet, so als ob Sie es wirklich nicht glauben könnten.

Vorteil dieser Technik: Sie rechtfertigen sich nicht und Sie bieten keinerlei neue Angriffsfläche! Zeigen Sie sich über die behauptete Aussage geschockt, aber beziehen Sie es nicht auf sich. Vielleicht sind Sie ja auch gar nicht gemeint. Sollten Sie auf die Bemerkung eingehen und nachfragen: »Wie meinst du das?«, geben Sie ja schon indirekt zu, dass Sie sich den Schuh anziehen.

Der Vollständigkeit halber sei gesagt, dass auf den Angriff »Bei uns werden ja anscheinend die Positionen nach Rocklänge vergeben« noch mehr Antworten möglich sind. Hier eine kleine Auswahl:

- »So so?!« (Zwei-Silben-Antwort, Kapitel 22)
- Mit dem richtigen Blick auf Ihr Gegenüber, abwertend von oben nach unten: »Scha-de!« (Zwei-Silben-Antwort)
- »In der Kürze liegt die Würze.« (Redewendung, Kapitel 18)
- Sie haben weitere Ideen? Ich freue mich auf Ihre Mail!

TECHNIK 2 – JA!
Sehr ähnlich zu der »Ins Leere laufen lassen«-Technik ist die, einfach zuzustimmen. Sie glauben ja gar nicht, wie das irritiert.

Stellen Sie sich vor, Sie halten gerade eine Präsentation. Sie ist fundiert und ausgefeilt, Sie wissen, wovon Sie reden. Doch ein Kollege, mit dem Sie sonst nicht viel zu tun haben, wirft auf einmal dazwischen: »Wissen Sie eigentlich, wovon Sie da reden? Sie haben ja noch nicht mal studiert!«

Bei fast jeder Antwort, die einem dazu einfällt, begeben Sie sich in die Rechtfertigung und kämpfen gegen Ihren

Puls. Manchmal hilft daher die einfache, spontane Zustimmung mit einem beherzten: »Ja!«

Mehr braucht es nicht, um zu verwirren. Lassen Sie Ihr Gegenüber doch einfach mal reagieren. Was möchte er Ihnen denn damit sagen?

Wichtiger Hinweis zum Thema Zustimmung: Mut zur Pause. Lächeln Sie höflich und verbindlich und gucken Sie Ihr Gegenüber mit einem unausgesprochenen »Und weiter?« an. Das verschafft Ihnen Zeit und es führt den Gegner vor. Meist verstummt dieser von ganz allein.

Die spontane Zustimmung verwirrt Ihren Gegner und zeigt, dass Sie Humor haben. So könnte eine Antwort auf die sehr charmante Äußerung »Ui, du bist aber ganz schön dick geworden« ein klares und simples »Stimmt!« sein.

DAS VORSTELLUNGSGESPRÄCH

Vorstellungsgespräche sind immer wieder besondere Situationen, die bestimmt nicht über einen Kamm geschert werden dürfen. Nichtsdestotrotz kommen besonders wir Frauen manches Mal ins Straucheln, wenn wir vor netten Herren älterer Jahrgänge sitzen und Fragen gefragt werden, die schon vor dreißig Jahren nicht mehr zulässig waren.

So bin ich mal in einem großen Verlagshaus im dritten Gespräch gefragt worden, wie ich eigentlich meinen Haushalt führen würde, wenn ich arbeiten ginge. Ich habe das damals für einen Test gehalten, wie ich mit schwierigen Kunden umgehe. Immerhin war es das dritte Gespräch und ich hatte den Vorvertrag schon vorliegen. Ich habe mit einer Gegenfrage geantwortet: »Werden männliche Bewerber das auch gefragt?«

Es war kein Test. Die dritte Runde sollte für mich auch die letzte gewesen sein. Und im Nachhinein bin ich darüber gar nicht so unglücklich. Will man wirklich für eine Firma mit einer solchen Einstellung arbeiten? Ich nicht.

Nebenbei bemerkt, wussten Sie, dass wir Frauen in Deutschland erst ab 1977 selbst entscheiden dürfen, ob wir arbeiten gehen? Bis zu diesem Jahr durfte eine Frau nur arbeiten, wenn es mit »den Pflichten in Ehe und Familie vereinbar« war. Bis zu diesem Zeitpunkt hatte hier der Mann das endgültige Entscheidungsrecht.

Apropos Vorstellungsgespräch und Job: Sexuelle Belästigung wurde erst – und das ist kaum zu fassen – 1994 mit dem Beschäftigtenschutzgesetz strafbar!

Zurück zu unserem Thema: Stellen Sie sich bitte vor, Sie sitzen in einem solchen Gespräch. Vor Ihnen sitzt der Chef eines mittelständischen Unternehmens und es läuft eigentlich recht gut. Dann schaut er auf Ihre Unterlagen und meint:

»Aha, ich sehe, Sie haben ja schon ein Kind. Wie viele möchten Sie denn noch?«

Boom.

Sie sitzen in der Zwickmühle. Natürlich ist so eine Frage unzulässig, aber leider dadurch noch keine Seltenheit. Natürlich können Sie mit einem »Das dürfen Sie mich gar nicht fragen« den Herren darauf aufmerksam machen, es geht aber auch galanter.

Ich habe zu diesem Thema mit der Herausgeberin von *LOB – Das Magazin für berufstätige Mütter und Väter* gesprochen. Ich wollte von ihr gern wissen, ob dieses Beispiel noch der Realität entspricht.

Frau Beste-Fopma, Sie bringen seit fünf Jahren das Magazin LOB *heraus. Bitte sagen Sie uns, dass dieses Beispiel nicht real, sondern an den Haaren herbeigezogen ist.*

»Das würde ich supergern. Aber leider ist dem beim besten Willen nicht so. Auch mir wurden solche Fragen gestellt und von unseren Leserinnen bekomme ich es auch immer wieder zu hören.

Auf die Frage, wie ich meine Kinder betreut bekomme, während ich arbeite, habe ich geantwortet: ›Ich sperre sie in den Schrank und hole sie abends wieder raus.‹ War dann auch meine letzte Runde.

Ehrlich gesagt, hatte ich gehofft, dass sich das über die Jahre geändert hätte, aber wenn ich meinen Leserinnen Glauben schenke, dann ist das noch immer so. Die Unternehmen, in denen solche Fragen nicht gestellt werden, sind rar. Voraussetzung dafür wäre eine familienbewusste Unternehmenskultur. Die meisten nutzen familienbewusste Angebote aber noch immer und ausschließlich als Feigenblatt.

Aber mal ganz ehrlich: Wer will schon in so einem Unternehmen arbeiten, das nur vorgibt, familienbewusst zu sein? Wer Familie und Beruf vereinbaren will, braucht ein Unternehmen, das eine familienbewusste Kultur lebt. Früher oder später fällt das einem auf die Füße, also dann doch lieber früher – also gleich beim Bewerbungsgespräch.«

Seit wann ist diese Art von Frage offiziell verboten?
»Dass diese Fragen nicht gestellt werden dürfen, ist noch nicht so lange gesetzlich geregelt. Im Allgemeinen Gleichstellungsgesetz/Gleichbehandlungsgesetz ist seit dem 14. August 2006 verankert:

> *›§ 1 Ziel des Gesetzes: Ziel des Gesetzes ist, Benachteiligungen aus Gründen der Rasse oder wegen der ethnischen Herkunft, des Geschlechts, der Religion oder Weltanschauung, einer Behinderung, des Alters oder der sexuellen Identität zu verhindern oder zu beseitigen.*

§ 2 Anwendungsbereich:
(1) Benachteiligungen aus einem in § 1 genannten Grund sind nach Maßgabe dieses Gesetzes unzulässig in Bezug auf:
   1. *die Bedingungen, einschließlich Auswahlkriterien und Einstellungsbedingungen, für den Zugang zu unselbstständiger und selbstständiger Erwerbstätigkeit, unabhängig von Tätigkeitsfeld und beruflicher Position, sowie für den beruflichen Aufstieg,*
   2. *die Beschäftigungs- und Arbeitsbedingungen einschließlich Arbeitsentgelt und Entlassungsbedingungen, insbesondere in individual- und kollektivrechtlichen Vereinbarungen und Maßnahmen bei der Durchführung und Beendigung eines Beschäftigungsverhältnisses sowie beim beruflichen Aufstieg,*
   (...)
   4. *die Mitgliedschaft und Mitwirkung in einer Beschäftigten- oder Arbeitgebervereinigung oder einer Vereinigung, deren Mitglieder einer bestimmten Berufsgruppe angehören, einschließlich der Inanspruchnahme der Leistungen solcher Vereinigungen*
   (...)
§ 3 Begriffsbestimmungen
(1) Eine unmittelbare Benachteiligung liegt vor, wenn eine Person wegen eines in § 1 genannten Grundes eine weniger günstige Behandlung erfährt,

> *als eine andere Person in einer vergleichbaren Situation erfährt, erfahren hat oder erfahren würde. Eine unmittelbare Benachteiligung wegen des Geschlechts liegt in Bezug auf § 2 Abs. 1 Nr. 1 bis 4 auch im Falle einer ungünstigeren Behandlung einer Frau wegen Schwangerschaft oder Mutterschaft vor.‹*

Man kann diese Fragen auch gut verpacken. Dann fragt man halt nicht explizit, sondern durch die Blume.

Es gibt aber auch eine gute Nachricht: Wer eine solche unerlaubte Frage gestellt bekommt, darf bei der Antwort lügen und muss keinerlei Konsequenzen befürchten. Also, eine gute Antwort schon im Voraus überlegen, Pokerface aufsetzen und los geht's! Eine Leserin hat auf die Frage immer geantwortet: ›Das ist für mich ein echt schwieriges Thema. Ich kann keine Kinder bekommen.‹ Allerdings wurde sie dann schwanger, aber das ist eine andere Geschichte.«

Aus Ihrer Erfahrung: Haben wir Frauen in Sachen Schlagfertigkeit Nachholbedarf?

»Oh ja, ganz großen. Ganz eng damit verbunden ist unser Nachholbedarf im Bereich ›Nicht-gleich-beleidigt-sein‹. Wir sollten vieles spielerischer nehmen und nach einem Schlagabtausch unseren Gegner auf ein Bierchen einladen. Sehr viel anders machen das die Männer auch nicht. Wenn wir nicht gleich beleidigt sind, das Gesagte nicht persönlich nehmen, können wir auch besser kontern, aber das steht bestimmt auch alles in diesem Ratgeber.«

TECHNIK 3 – ÜBERHÖREN

Zurück zum Thema: »Aha, ich sehe, Sie haben ja schon ein Kind. Wie viele möchten Sie denn noch?« Wie wir eben gelesen haben, müssen Sie auf diese Frage nicht antworten. Also zumindest nicht auf den Inhalt. Mit der Technik des simplen Überhörens kommen Sie zurück auf das Wesentliche:

»Das hängt vom Gehalt ab – womit wir bei einem wichtigen Thema wären.«

Wichtig: Der Ton macht die Musik!

Immer macht der Ton die Musik. George Bernhard Shaw sagte einmal: »Im richtigen Ton kann man alles sagen. Im falschen nichts.«

Vorteil dieser Technik: Sie geben eine Antwort ohne Inhalt und lenken das Thema aufs Wesentliche. Sie überhören die Frage und konzentrieren sich wieder auf die Fakten. Schließlich sitzen Sie hier im Vorstellungsgespräch und nicht im Familienplanungsbüro. Wenn der Chef ein guter ist, wird er schmunzeln. Wenn nicht, sollten Sie sich überlegen, ob Sie die Richtige für den Job sind.

Die Situation »Vorstellungsgespräch« hat einen ganz wesentlichen Vorteil: Sie können sich darauf vorbereiten. Im besten Fall werden Sie solche Sachen natürlich nicht gefragt, im schlimmsten aber eben schon.

TECHNIK 4 – SPRICHWÖRTER UND REDEWENDUNGEN

Sie müssen das Rad nicht neu erfinden. Wenn die deutsche Sprache eines hat, dann sind es Sprichwörter, Redewendungen, Zitate oder Sprüche in Hülle und Fülle!

Lassen Sie uns eine kleine Übung machen.

Wie viele »Sprüche« von den rund vierzigtausend im deutschen Sprachgebrauch fallen Ihnen ein? So ganz spontan?

Na? Wenn Sie sich hier abquälen mussten, dann wissen Sie jetzt, dass da noch Luft nach oben ist.

In den Seminaren sammeln wir immer gemeinsam. Während die Frauen zu Beginn die Hände über dem Kopf zusammenschlagen und ein panisches »Oh Gott, mir fällt ja gar nix ein!« kreischen, muss ich die Übung meist nach 15 Minuten abbrechen, weil ihnen doch eine ganze Menge einfällt.

Das heißt jetzt bitte nicht, dass Sie auf jeden »Angriff« mit einer Phrase antworten sollen, aber ehe Ihnen nichts einfällt, kann das eine gute Notlösung sein.

Hier kommen die besten Sprichwörter, Redewendungen und (zum Teil selbst erfundenen) Sprüche, die in meinen Seminaren bisher gefallen sind:

- »Viele Hände, schnelles Ende.«
- »Säg nicht den Ast ab, auf dem du sitzt.«
- »Auf einen Weisen kommen tausend Narren.«
- »Der Zorn ist ein schlechter Ratgeber.«
- »Eine Hand wäscht die andere.«
- »Man kennt sich, man hilft sich.«
- »Schokolade löst keine Probleme, aber das tut ein Apfel ja auch nicht.«
- »Morgenstund' hat Gold im Mund.«
- »Arbeite klug, nicht hart.«
- »Ironie ist der Humor intelligenter Menschen.«
- »Mit leerem Kopf nickt es sich leichter.«
- »Der frühe Vogel kann mich mal.«
- »In der Kürze liegt die Würze.«

- ♛ »Die Botschaft hör ich wohl, allein mir fehlt der Glaube.« (Mein persönliches Highlight!)
- ♛ »Alles hat ein Ende, nur die Wurst hat zwei.«
- ♛ »Kannste so machen, aber dann isses halt kacke.«
- ♛ »Auch ein blindes Huhn findet mal ein Korn.«

Zurück zu unserem Beispiel aus dem Vorstellungsgespräch. Ihr potenzieller neuer Chef sitzt Ihnen also noch immer gegenüber und möchte wissen, wie viele Kinder Sie denn noch möchten.

Ihre Antwort mit dieser Technik könnte sein – und die ist nicht von mir, sondern von einer Teilnehmerin:

»Die Wege des Herrn sind unergründlich!«

Sagen Sie es langsam, mit Bedacht, und schauen Sie Ihrem Gegenüber in die Augen. Zum Schluss schmunzeln Sie ein wenig.

TECHNIK 5 – IRONIE

Für meinen persönlichen Geschmack verlangt diese Frage eine ordentliche Portion Ironie. Das muss man sich natürlich trauen und es muss zu einem passen, sonst ist es nicht authentisch.

Der Begriff »Ironie« kommt aus dem Altgriechischen und steht für »Verstellung« oder »Vortäuschung«. Wir geben also in dem Fall vor, die Frage wörtlich zu verstehen, und können darauf wie folgt antworten:

»Wie viele Kinder sind denn Voraussetzung für den Job?«

Oder aber – und das erfordert Mut und einen ganz besonders charmanten Tonfall: »Möchten Sie sich an der Familienplanung beteiligen?«

Je spitzer der Inhalt der Antwort ist, desto harmloser sollte der Tonfall sein. Sie möchten ja nicht unverschämt oder zickig rüberkommen, sondern schlagfertig und humorvoll. Und Sie möchten auch nicht mit Kanonen auf Spatzen schießen und überall verbrannte Erde hinterlassen. Sie zeigen nur wirkungsvoll und charmant Ihre Grenzen auf. Wenn Ihr Gegenüber Ironie versteht – und das hängt vom Intellekt ab –, wird es den Spiegel, den es soeben vorgehalten bekommen hat, zu deuten wissen.

Wer schlagfertig sein möchte, braucht jedoch nicht nur Humor und die richtigen Techniken, sondern auch eine gehörige Portion Mut.

NUR MUT!

»Die reinste Form des Wahnsinns ist es, alles beim Alten zu lassen und gleichzeitig zu hoffen, dass sich etwas ändert.«
Albert Einstein

In meinen Seminaren gibt es eine Sequenz, in der die Frauen sich ausprobieren. Sie bekommen Aufgaben und sollen sie mit einer Partnerin gemeinsam lösen. Im Anschluss besprechen wir die einzelnen Fallbeispiele. Jedes Mal, aber wirklich jedes Mal, ist zu beobachten, wie besonders die Damen mittleren Alters die Hände vor den Mund nehmen und beschämt gucken, nachdem sie über eine besonders »freche« Antwort gelacht haben.

So können Sie sich die Situation vorstellen:

Ich als Trainerin im Seminar: »Meine Damen, wie ist Ihre Antwort auf folgende Situation: Zu einer großen Familienfeier, die bei Ihnen zu Hause stattfindet, ist auch Ihre Halbschwester eingeladen. Als sie das Haus betritt, begrüßt sie Sie und sagt dann: ›Ach, Liebes, wie schade – zum Saubermachen hat es dann wohl nicht mehr gereicht?!‹ Was ist Ihre Antwort?«

Dame 1: »Ich würde sagen: ›Ach, Liebes, für Manieren hat es bei dir wohl auch nicht gereicht?!‹«

Szenenapplaus für Dame 1 im ganzen Saal. Großartige Antwort. (Prinzip Gegenkonter, Kapitel 21)

Die Damen lachen, aber es ist dieses tiefe »Hohoho-darf-man-das-sagen«-Lachen.

Dame 2 wirft ein: »Das kann man aber doch nicht sagen«, und grinst dabei.

Ich: »Nee, ›man‹ nicht, aber *Sie* schon. Warum, glauben Sie, dürften Sie das nicht sagen?«

Dame 2: »Na ja, weil ... ähm ... es ist ja die Familie.«

Ich: »Da haben Sie recht. Aber die ›Familie‹ hat Ihnen soeben gesagt, dass Sie eine ganz schlechte Hausfrau sind und es dreckig in Ihrem Haus ist!«

Die Dame 2 nickt daraufhin, aber so ganz überzeugt ist sie noch nicht. Es ist natürlich schwer, fünfzig Jahre Erziehung in einem dreistündigen Seminar umzuswitchen. Aber wir konnten zumindest einen Samen in ihr säen.

Bei allen Techniken, die wir erlernen, kann ich Ihnen eines nicht abnehmen: den Mut, dieses auch zu sagen. Den müssen Sie ganz allein aufbringen. Das ist nichts, was Sie von heute auf morgen lernen, aber Sie werden sehen, wenn Sie ab und an den Mut aufbringen, Ihre Grenzen zu zeigen, tut Ihnen das gut.

Oder besser gesagt, sich verbal »fertigmachen zu lassen«, tut Ihnen nicht gut. Hand aufs Herz – jede/r von uns kennt doch mindestens eine Situation, in der wir sprachlos zurückgeblieben sind. Wie lange beschäftigt uns das? Oftmals sind es Jahre!

Und jetzt stellen Sie sich im Gegenzug vor, wie gut es tut, sich freundlich, aber bestimmt zu wehren!

Schauen Sie sich doch das Wort einmal an: Schlagfertigkeit. Da steckt es doch schon drin: die Fertigkeit, zu schlagen beziehungsweise zurückzuschlagen. Sonst würde es Streicheleinheiten heißen ... Das braucht Mut.

Training macht die Schlagfertigkeitsqueen
Gibt es jemanden aus Ihrem Umfeld, der Ihnen schon oft auf die Füße getreten ist? Wie fühlt sich das für Sie an?

Nun stellen Sie sich bitte vor, Ihnen fällt das nächste Mal die richtige Antwort ein. Stellen Sie es sich bitte richtig vor. Die Umgebung, die Situation, Ihre Körperhaltung. Wie fühlt sich das an?

Allein die Vorstellung daran, das nächste Mal souverän zu reagieren, reicht, um gestärkter in die Situation hineinzugehen.

SOUVERÄNITÄT

Dieses Wort ist schon das ein oder andere Mal gefallen und steht im engen Zusammenhang mit dem Thema Schlagfertigkeit. Es kommt vom lateinischen »superanus« und bedeutet: darüber befindlich, überlegen sein.

Wenn Sie mich fragen, für mich bedeutet Souveränität: sicheres Auftreten bei völliger Ahnungslosigkeit.

Das ist natürlich sehr überspitzt. Im besten Fall haben wir ja Ahnung von dem, was wir so von uns geben. Aber die Kunst ist es, auch souverän und gelassen zu bleiben, wenn uns mal einer auf dem falschen Fuß erwischt.

Ein entfernter Bekannter von mir (ich werde mich hüten, hier nähere Details zu seiner Identität preiszugeben) hatte als viertes Fach in seinem Abi Psychologie. Er war ein guter und fleißiger Schüler und auf sein mündliches Abitur sehr gut vorbereitet. Ich weiß nicht, ob das heute noch so ist, früher jedenfalls bekam man seine Aufgabe zum mündlichen Abitur ausgehändigt und hatte dreißig Minuten Zeit, sich darauf vorzubereiten. Die Aufgabe war ein Fallbeispiel aus einem Familienleben und lautete ungefähr: »Erkläre die hier zugrundeliegende Situation anhand von Modell XY und welche Auswirkungen sie auf die spätere Gesellschaft hatte.« XY stand für ein sehr seltenes Modell. So selten, dass der Schüler noch nie davon gehört hatte. Totaler Blackout.

Nach dreißig Minuten betrat er völlig selbstsicher den Prüfungsraum. Vor ihm saßen seine Psychologielehrerin und zwei weitere – fachfremde – Prüfer. Er füllte seinen Vortrag mit allen Mitteln aus, die er zur Verfügung hatte. Er verdeutlichte Modell XY an der Tafel und ging sogar auf den Begründer der Theorie zurück. Er hielt eine sensationelle Präsentation, die die Prüfer begeisterte. Zumindest die fachfremden Prüfer. Denn alles, was er erzählte, war erfunden. Seine Psychologielehrerin durchschaute das Ganze sofort, schwieg aber und ließ zunächst die Kollegen bewerten. Die waren verzückt und gaben volle 15 Punkte. Von seiner Lehrerin bekam er zehn. Sie verriet ihn nicht, weil er die Jahre davor hervorragende Arbeit abgeliefert hatte. Der Schüler war kein Hochstapler, er hatte nur einen Blackout, den er fantastisch überspielte. Sonst wäre jahrelange Arbeit durch diesen einen Test versaut gewesen.

Sicheres Auftreten bei völliger Ahnungslosigkeit – dieser Schüler blieb souverän und konnte nur dadurch sein Abitur retten.

Verstehen Sie mich nicht falsch, ich will hier nicht zur Hochstapelei anstiften, sondern zur Souveränität.

SCHEITER HEITER!

»Scheiter heiter!«, sagte eine sehr kluge Trainerin, die ich kennenlernen durfte, in meiner Ausbildung zu mir.

Souveräne Menschen bleiben gelassen. Auch weil sie keine Angst vor dem Scheitern haben.

Haben Sie keine Angst zu fallen. Was soll denn passieren? Dann stehen Sie eben wieder auf. Aus Fehlern kann man letztlich nur lernen.

Ich gebe viele Telefontrainings und hier merkt man die Angst vor dem Scheitern immer am besten. »Aaah, ich verhaspel mich immer so leicht«, höre ich so oft von Auszubildenden.

»Ja, und was passiert dann?«, möchte ich wissen.

»Ja, dann ... dann ... dann ... dann verhaspel ich mich.«

»Ja, dann weiß dein Telefonpartner, dass du aus Fleisch und Blut bist. 'ne tolle Sache, wie ich finde. Eine Methode wäre, zu sagen: ›Wissen Sie was? Ich fange noch mal von vorn an, vielleicht klappt es dann.‹«

»Ist das nicht peinlich?«

»Nee, nur ehrlich und so herrlich unperfekt. Und dein Gesprächspartner muss bestimmt schmunzeln.«

Allein mit dem Wissen, dass sie sich verhaspeln ›durfte‹, hat sie es nicht getan.

Die Angst zu scheitern legt uns in Ketten. Die Angst zu scheitern hindert uns daran, ins kalte Wasser zu springen und zu schwimmen.

Ich kenne so viele Frauen, die eine Weiterbildung nach der nächsten machen und sich so vor ihrem eigenen Business drücken. Obwohl sie alles für ihren Berufswunsch – sehr häufig Freiberufler – mitbringen, flüchten sie sich von einem Zertifikat ins nächste. Keines davon bewirkt aber, dass sie einfach mal machen statt planen.

Wenn wir die Angst zu scheitern in uns tragen, bleiben wir wieder einmal kilometerweit hinter unseren Möglichkeiten. Schlimm sind nicht die Dinge, an denen wir im Leben gescheitert sind, schlimm sind solche, die wir gar nicht erst versucht haben.

Es kann nur der hochklettern, der keine Angst vor dem Fallen hat. Sonst müssen Sie immer unten bleiben. Und da ist es auf Dauer langweilig. Seien Sie mutig! Trauen Sie sich was, denn Sie sind ja ab jetzt die richtig coole Socke, die sich wie keine andere die linke Hand maniküren kann.

»Der Feige stirbt schon vielmal, eh er stirbt.
Die Tapferen kosten einmal nur den Tod.«
William Shakespeare

NERVOSITÄT

Meist stehen wir uns doch selbst auf den Füßen. Wir allein sind es, die uns ausbremsen. Schuld daran sind unser falsches Selbstbild, negative Gedanken und Nervosität, die uns dazu noch innerlich in Aufruhr bringt. Dann überstürzen sich unsere Gedanken.

Ich habe einmal auf einem Businesstreffen einen inspirierenden Vortrag von einer wirklich tollen Frau gehört. Sie sagte einen für mich sehr wichtigen Satz:

»Ordnen Sie Ihre Gedanken! Widmen Sie die Zeit, die Sie Ihrer Frisur zugestehen, doch auch mal Ihren Gedanken.«

Die Wenigsten von Ihnen, die dieses Buch lesen, werden vermutlich ein Freund des Redens vor vielen unbekannten Menschen sein.

In den Schlagfertigkeitstrainings, die ich für Firmen gebe, bitte ich immer völlig spontan und ohne Ankündigung eine Dame zu mir nach vorn. Das allein finden die meisten schon nicht so doll. Ihre Körperhaltung verrät sie. Viele nehmen die Hände schützend vor den Leib und knicken die Hüfte ein bisschen zur Seite. Gedanken wie »Oh Gott, was will die von mir?« schießen ihnen durch den Kopf. Noch nie habe ich eine Dame erlebt, die aufspringt und sagt: »Juhu, endlich kann ich mal zeigen, was ich kann.«

Bei Herren ist das komplett anders. Wenn ich einen Mann zu mir nach vorn bitte, geht er meist bedächtig und wird von seinen Kollegen beklatscht und aufgemuntert, mir als Trainerin jetzt mal zu zeigen, wo der Hammer hängt. Der Mann steht – obwohl auch er ja noch nicht weiß, was ich von ihm will – meist recht breitbeinig im sicheren Stand neben mir, während die durchschnittliche Frau nervös und schüchtern rumzappelt.

»Ich würde Sie bitten, uns jetzt hier ad hoc zwei Minuten lang eine Geschichte zu erzählen. Das Thema bekommen Sie von mir. Vorbereitungszeit gibt es leider keine. Sie starten bitte jetzt zum Thema: Steuererklärung.«

Das ist natürlich gemein. Ich schubse meine Seminarteilnehmer ins eiskalte Wasser und sie müssen schwimmen. Aber das Gute ist: Die Nervosität hat überhaupt keine Zeit, sich hochzuschaukeln. Die Teilnehmer müssen ja sofort reagieren. Ganz im Gegensatz zu all den Kollegen, die vor ihnen sitzen. Die haben nur bedingt Mitleid mit dem Kollegen, denn sie sind mit dem Gedanken beschäftigt: »Oh Gott, wann komme ich dran?«

Fast alle erledigen diese Aufgabe mit Bravour. Natürlich gibt es viele »Ähms«, aber darauf kommt es mir gar nicht an. Ich möchte insbesondere den Damen zeigen, was so spontan in ihnen steckt. Ich bin mir ganz sicher, dass sie, selbst wenn sie eine Woche Vorbereitungszeit hätten, es nicht besser machen würden. Im Gegenteil. Sie hätten genügend Zeit, sich in ihre Nervosität hineinzusteigern.

Ist es überhaupt möglich, Nervosität zu vermeiden? Das müssten wir vielleicht einen Hirnforscher oder einen Verhaltenspsychologen fragen.

Ich kann Ihnen an dieser Stelle nur meine Hilfsmittel verraten, denn ich bin vor jedem Auftritt, vor jeder Rede und vor jedem Seminar nervös. Immer kurz bevor es losgeht, frage ich mich, warum ich meinen sicheren Arbeitsplatz verlassen habe. Jedes Mal schwöre ich mir, wieder ins Büro zurückzukehren und schön bequem in meiner Komfortzone zu bleiben.

Geht aber nicht. Ich kann nicht flüchten.

Vor ein paar Monaten wurde ich – aufgrund meines ersten Buches *Brüste umständehalber abzugeben* – vom WDR in den *Kölner Treff* eingeladen. Als gebürtige Kölnerin war das mein Traum schon seit Jahren. Immer, immer, immer wollte ich mal neben Bettina Böttinger sitzen und über Gott und die Welt erzählen. Und dann war es so weit. Es war ein toller Tag, der schon damit anfing, dass ich zu Hause abgeholt und in die Studios gefahren wurde. Dann ging es in die Maske und zum Vorgespräch. Alles wunderbar. Ich habe es sehr genossen. Irgendwann kam dieser Moment, in dem ich tatsächlich im Studio saß und Frau Böttinger mich anmoderierte. In diesem Moment, so wurde mir vorher erklärt, sollte ich – wenn möglich, nett – in eine Kamera schauen. Und da war er: der Fluchtreflex. Während dieser gefühlten Ewigkeit, in der ich blöd grinsend in die Kamera guckte, habe ich mir die ganze Zeit gedacht: »Was zum Teufel machst du hier eigentlich? Ich will nach Hause. Jetzt ganz schnell!«

Ich habe dann einen inneren Dialog mit mir geführt.

»Ich kann verstehen, dass du Angst hast, immerhin sitzt du hier in einem TV-Studio. Wer hätte da nicht Angst? Aber du wolltest das dein Leben lang! Und jetzt versuch, es zu genießen, und stell dir selbst die Frage: Was soll denn passieren?«

So mache ich das für meinen Teil immer. Wenn ich eines in der letzten Zeit gelernt habe, dann: Lass alle Gefühle zu! Die Betonung liegt auf *alle*. (Ein Tipp, den ich von meiner Therapeutin während der Behandlung bekam und der sich wunderbar auf viele Situationen anwenden lässt.) Wenn wir versuchen, sie wegzuschieben, halten sie sich nur länger. Ob Nervosität oder Angst, Neugier, Scham, Zufriedenheit, Glück – lass sie alle zu!

Wenn dir mal ein Gefühl nicht gefällt – und Angst und Nervosität sind Gefühle, die mir nicht gefallen –, dann sei nicht so hart mit dir!

Wenn eines meiner Kinder wach wird, weil es einen Albtraum hat, dann sage ich auch nicht: »Stell dich nicht so an. Es gibt keine Monster und jetzt schlaf.«

Nein, ich nehme es in den Arm und nehme vor allem seine Gefühle ernst. Dann wird getröstet und wenn es gut läuft, kann man das Gefühl durch ein anderes, wie zum Beispiel Geborgenheit, austauschen.

So mache ich das bei mir auch. Vor einem Auftritt gehe ich jedes Mal in den inneren Dialog, schaue, warum, wieso und weshalb ich jetzt gerade abhauen will, und tröste mich selbst. Meine abschließenden Sätze sind meist:

»Genieß es!«

»Du kannst das!«

»Was soll denn passieren?«

Ich ordne also meine Gedanken, raffe innerlich wie äußerlich meine Schultern und gehe raus. Ich versuche, gedanklich in eine Aufwärtsspirale zu kommen und mich nicht von der Nervosität nach unten ziehen zu lassen. Das heißt nicht, dass ich keine Fehler mache oder mich nicht verhaspele, aber ich bleibe zumindest nicht unter meinen Möglichkeiten.

Natürlich reflektiere auch ich im Anschluss alles und frage mich stets, was mir an mir selbst nicht gefallen hat. Aber ich genieße dennoch den Moment und freue mich wie eine Schneekönigin, wenn das Publikum Spaß hatte.

EIGENLOB STINKT?! ALSO ICH RIECHE NIX ...

Mein Sohn Maximilian hat mich zu diesem Kapitel inspiriert. Er ist sieben Jahre alt und spielt sehr gern Fußballkicker. Am liebsten mit seinem Opa. Neulich kam er nach einem »Turnier« zu mir und rief ganz aufgeregt: »Mamaaa, ich habe *fast* gewonnen!«

»Super, Schatz! Was heißt denn fast? Wie ist es denn ausgegangen?«

»Zwei zu zehn für Opa!«

Es gibt Menschen, die müssen hundert Seminare zu Themen wie »Positiv denken«, »Eigenmotivation leicht gemacht« oder »Erkenne das Gute in dir!« absolvieren, um zu der Erkenntnis zu gelangen, zu der mein Sohn von ganz allein gekommen ist.

Der trockene Realist würde sagen: »Ich habe haushoch verloren.«

Max hingegen sagt: »Ich habe fast gewonnen!«

»Eigenlob« wird ja noch schlimmer bewertet als »Selbstverliebtheit« und doch ist es für uns wichtig, wenn wir schlagfertig und erfolgreich sein wollen. Mein Sohn hat das allein für sich übernommen, sein Fokus lag nicht auf den gegnerischen zehn Toren, sondern auf seinen zwei eigenen. Finde ich irre! Wozu führt das? Dass er motiviert in das nächste Spiel geht und da erreichte er gegen den Opa schon sechs Tore. Eine Steigerung um (leider kann ich ja keine Mathematik, sonst würde ich Ihnen die konkrete Zahl nennen) viele Prozent!

Er katapultiert sich durch sein Eigenlob in der Spirale nach oben.

ENTLARVT!

Es wird immer mal wieder Situationen in Ihrem Leben geben, da sind Sie so baff, dass Ihnen nichts einfällt. Weil das soeben Gesagte jenseits jeder Vorstellungskraft ist und Ihnen vor lauter Frechheit jeden Wind aus den Segeln nimmt.

Kurz nach meiner Erkrankung ging ich mit meinen neuen, stehenden (also von allein stehenden) Brüsten shoppen. Einen neuen Badeanzug. Sämtliche Vorgängermodelle waren aus der Rubrik »Multifunktion-extrem-starker-Halt-weil-extrem-großer-Cup« und hatten jetzt ausgedient. Ich suchte nach einem Teil, das nichts mehr können musste, sondern nur noch Bombe aussah.

Ich wurde fündig und probierte einen Einteiler in Bandeau-Schnittform an. Er gefiel mir wirklich gut. Die Schulterpartie schön frei und aus der Mitte kamen zwei maritime Kordeln, die man um den Nacken binden konnte. Irre! So was konnte ich mit echten Brüsten nie anziehen.

Eine Verkäuferin tritt dazu.

»Gefällt er Ihnen?«, fragt sie mich.

»Ja, total«, gebe ich wirklich happy zurück. So schnell habe ich noch nie ein so schönes Stück gefunden.

»Mmmh«, brummt die Verkäuferin und blickt argwöhnisch auf meine Port-Narbe (der Port war der unterirdische

Zugang von der Chemotherapie und was an ihn erinnert, ist eine circa fünf Zentimeter große Narbe direkt am Schlüsselbein). »Möchten Sie *da*«, und dabei zeigt sie mit ihrem Zeigefinger missbilligend auf die Narbe, »nichts drübermachen? Ich find das nicht so schön!«

Astreine Verkäuferin, oder? Wie bringe ich einen wirklich glücklichen Kunden von Wolke sieben binnen 0,3 Sekunden in den Keller?

Meine Antwort darauf kommt prompt.

»Nun ja. Ich finde *das* hier«, und dabei zeige ich ebenso missbilligend mit meinem Zeigefinger auf ihr Gesicht, »bei Ihnen ja auch nicht so schön. Und Sie machen sich da ja auch nix drüber.«

Sie können sich vielleicht den Gesichtsausdruck der Verkäuferin vorstellen. Aber ich hatte nun wirklich keine Lust, mir meinen wunderschönen Tag durch diese Dame kaputtmachen zu lassen. Und soll ich Ihnen was sagen? Ich freue mir heute noch ein Loch in den Bauch, dass mir das direkt eingefallen ist.

Die Technik, derer ich mich hier (allerdings spontan) bedient habe, nennt man »Gegenkonter«. Im Prinzip ist es ganz einfach. Sie lassen den Satzbau genauso, wie er ist, drehen das Gesagte auf Ihr Gegenüber um und werfen den Ball zurück.

Es gibt zwei sehr berühmte Beispiele aus der Geschichte für diese Technik: Winston Churchill wurde auf einer vornehmen Abendveranstaltung relativ barsch von einer Lady angegangen.

Sie sagte zu ihm: »Wenn ich mit Ihnen verheiratet wäre, dann würde ich Ihnen Gift geben.«

Nicht besonders nett und schon gar nicht, wenn viele Zuhörer um sie herumstehen.

Winston Churchill antwortete ebenfalls im Gegenkonter (ohne von dieser Methode wahrscheinlich jemals etwas gehört zu haben). Er sagte: »Wenn ich mit Ihnen verheiratet wäre, dann würde ich es nehmen!«

Sitzt. Passt. Wackelt. Und hat Luft.

Unser guter Freund George Bernhard Shaw (Verfasser des wunderbaren Stücks *Pygmalion*, das später zu *My Fair Lady* wurde) war zu seiner Zeit ein sehr schlanker Zeitgenosse. Auch er bekam in einer offenen Gesellschaft einen Spruch zu hören: »Georgie, wenn man dich so ansieht, könne man denken, die Welt müsse Hunger leiden.«

Seine Antwort: »Und wenn man dich so ansieht, könne man denken, *du* seist schuld daran.«

Ich war nicht dabei, aber ich könnte mir vorstellen, dass lautes Gelächter ausgebrochen ist. Mr. Shaw ist auch derjenige, von dem das Zitat zum richtigen Tonfall stammt (siehe Kapitel 18).

CHOLERIKER

Nicht immer haben wir das Glück, an ruhige, besonnene Chefs zu geraten. Es gibt auch die von der aufbrausenden Sorte, die sich gern vor dem gesamten Kollegium echauffieren und sich am liebsten selbst reden hören. Solche Menschen haben meist kein Problem damit, andere zu blamieren und vorzuführen.

Ich stelle mir diese Menschen wie einen Luftballon vor, der vor meinen Augen immer dicker und dicker wird. Er wird so groß, dass er scheinbar den gesamten Raum einnimmt und links und rechts alles beiseitedrückt. Gegen

Luftballons gibt es ein ganz einfaches Mittel: eine klitzekleine spitze Nadel.

Grundsätzlich gilt, je lauter und aufgeregter Ihr Gegenüber ist, desto ruhiger und gelassener sollten Sie sein. Wer schreit, hat unrecht – das sagt ein sehr altes Sprichwort (wieder eins für Ihre Sammlung!).

Es ist mal wieder Meetingzeit (übrigens bin ich fest davon überzeugt, dass kaum eine Zeit im Büro so vergeudet ist wie diese). Ninas Chef ist ein hochgradiger Choleriker und das ganze Team ist mehr oder weniger an sein Ausflippen gewöhnt. Dennoch prallt es an Nina nicht so ab, wie sie es sich wünschen würde. Ihre männlichen Kollegen können damit irgendwie besser umgehen.

»Lass ihn doch austicken«, sagte neulich Ninas Kollege, »ich hör da gar nicht mehr hin.«

Nina wünschte sich, sie könnte das auch. Ihr Problem: Sie ärgert sich so arg über ihren Chef, dass ihr nicht selten die Tränen in die Augen steigen. Das wiederum ärgert sie noch mehr, denn sie will nicht, dass ihre Kollegen sie so sehen.

Heute Morgen ist ihr Chef im Meeting wieder unausstehlich. Jeder bekommt sein Fett ab.

»Frau Klein, was hat der Kunde Müller zu unserem Lösungsvorschlag letzte Woche gesagt?«

Nina weiß leider nicht, wovon ihr Chef redet. Sie guckt leicht irritiert.

»Frau Kleeein, haben Sie meine Frage verstanden? Ich will wissen, was der Kunde gesagt hat.«

»Entschuldigung«, beginnt sie zaghaft, »aber ich weiß gar nicht, was Sie meinen.«

Das reicht, um den Chef völlig austicken zu lassen: »Das ist jetzt nicht Ihr Ernst?! Wie, Sie wissen nicht, worum es geht? Sie sollten Ihr hübsches Köpfchen wohl besser mal zum Denken als zum Schminken benutzen. So langsam frage ich mich, ob ich Ihnen denn alles hundertmal sagen muss!«

Das hat gesessen. Nina ist am Ende. Sie senkt den Blick, wird rot und merkt, wie ihr die Tränen in die Augen steigen. Alle schauen sie an. Während sie sich ärgert, vergehen die wertvollen drei Sekunden und was wieder verloren geht, ist ihre Souveränität. Nina ist mit dem Tag jetzt schon durch und das um zehn Uhr morgens.

Auf dem Weg nach Hause aber im Auto schmiedet sie Pläne, wie sie das nächste Mal ihren Chef kontert. Jaaa, das nächste Mal, da springt sie auf im Meeting und dann kann der aber was erleben. Wir wissen alle, dass es dazu niemals kommen wird.

In dieser Situation ist es zunächst einmal völlig irrelevant, ob der Chef recht hat oder nicht. Denn mit seinem Ton überschreitet er eine Grenze.

Wenn Nina ihre Grenzen bereits gezogen hätte, dann hätte sie anders reagieren können. Wieder gilt das alte Spiel. Der Chef wird sich nicht ändern, daher bleibt seine Aussage die gleiche:

»Das ist jetzt nicht Ihr Ernst?! Wie, Sie wissen nicht, worum es geht? Sie sollten Ihr hübsches Köpfchen wohl besser mal zum Denken als zum Schminken benutzen. So langsam frage ich mich, ob ich Ihnen denn alles hundertmal sagen muss!«

Die sexistische Ausdrucksweise überhört Nina, denn das ist unter ihrem Niveau. Da ihr Chef brüllt, wird sie ganz leise. Ruhig, aber bestimmt kontert sie:

»Wenn Sie es einmal so sagen, dass ich es verstehe, würde es durchaus reichen.«

Was glauben Sie, was jetzt in dem Meeting passiert? Wenn Nina ihren Chef zum ersten Mal gekontert hat, können Sie davon ausgehen, dass der Raum jetzt totenstill ist.

Nina hat sich des Gegenkonters bedient, aber viel wichtiger ist der leise Tonfall. Je lauter Ihr Gegenüber, desto leiser sind Sie.

Wie der Chef reagiert, lässt sich bei einem Choleriker nur mutmaßen. Er wird wahrscheinlich auch überrascht sein, im schlimmsten Fall tickt er dann so richtig aus. Vielleicht aber auch nicht. Vielleicht braucht auch er jemanden, der ihm mal seine Grenzen zeigt.

Entscheidend ist, wie es für Nina weitergeht: Sie ist stolz auf sich. Sie hat sich nicht im Ton vergriffen und war auch nicht frech, doch sie hat freundlich, aber bestimmt gesagt: »Bis hierhin und nicht weiter.«

Den Gegenkonter kann man wunderbar üben, denn er ist als Technik wirklich nicht schwer.

Übungsbeispiele für den Gegenkonter
Im Autohaus. Der Verkäufer sagt: »Wo ist denn bitte Ihr Mann, dann spreche ich mit ihm.«
Ihre Antwort:

In einer Bar. Ein Mann kommt auf Sie zu und baggert Sie ziemlich frech an: »Dein Kleid würde sich wunderbar auf meinem Schlafzimmerboden machen.«

Ihre Antwort:
Im Meeting sagt ein unverschämter Kollege: »Oh je, hast du heute etwa deine Tage?«
Ihre Antwort:

(Mögliche Lösungen finden Sie im Anhang des Buches.)

DIE LIEBE SCHWÄGERIN

Sonjas Tochter geht heute zur Kommunion. Die ganze Familie ist aufgeregt und bereitet seit Wochen das Fest vor. Besonders Sonja ist nervös. Sie erwartet die gesamte Verwandtschaft zu Besuch. Das sind insgesamt 23 Leute. Zuerst gehen alle gemeinsam in die Kirche, dann gibt es im extra hübsch dekorierten Heim Kaffee und Kuchen und später – dann kommen auch noch Freunde dazu – wird Essen geliefert.

Sonja hat das Haus von rechts auf links gedreht, hat frische Blumen für die Deko gekauft und Amelie, die Tochter, hat ein entzückendes weißes Kleid, während sie selbst ein pastellfarbenes trägt. Natürlich waren alle noch mal beim Frisör, so wie es sich eben gehört.

»Schatz, du kannst runterkommen. Du siehst toll aus, Amelie sowieso und das Haus blitzt und blinkt«, versucht sie ihr Mann zu beruhigen und nimmt sie zärtlich in den Arm.

»Du hast recht. Wir genießen jetzt einfach diesen wundervollen Tag. Deine Schwester und ihr Manfred kommen ja gleich. Wir fahren dann zusammen zur Kirche.«

Sie hat es noch nicht ganz ausgesprochen, da klingelt es an der Tür.

Das Verhältnis zwischen Sonja und ihrer Schwägerin ist ... nennen wir es mal schwierig. Sie ist die große Schwester und irgendwie hatte Sonja immer das Gefühl, dass sie mit der Wahl ihres Bruders nicht zufrieden war.

»Amelie, was siehst du hübsch aus«, begrüßt Tante Silke ihre Nichte mit aufrichtiger Freude. »Ein ganz wundervolles Kleid habt ihr da für die Kleine ausgesucht.«

Sonja ist ehrlich erstaunt. So viel Begeisterung hat sie bei Silke noch nie gesehen.

Es folgt ein kurzer Small Talk, bevor die beiden Frauen zusammen in der Küche stehen und die Kaffeetassen in die Spülmaschine räumen.

»Wann müssen wir denn los, Sonja?«, möchte Silke wissen.

»Wir haben noch eine knappe halbe Stunde Zeit«, entgegnet Sonja, während sie die Arbeitsplatte abwischt.

»Na, wunderbar. Was hältst du davon, wenn du dich dann schon umziehst, während ich noch mal schnell durchwische?«

Sonja denkt im ersten Moment, sie hätte sich verhört. Abwesend und in Gedanken schon halb in der Kirche guckt sie ihre Schwägerin entsetzt an. Sie denkt leise: »Hä? Wie umziehen? Wie durchwischen? Ich bin fertig ... verstehe ich nicht ...« Während sie das denkt, geht es tick, tack, tick, tack ... und die drei Sekunden sind mal wieder um.

Liebe Sonja, du hast schon richtig gehört. In einem höflichen Angebot verpackt hat dir deine Schwägerin gerade gesagt, dass sowohl du als auch dein Haus katastrophal aussehen.

Sonja trifft das völlig unvermittelt. Zumal die Schwägerin am Anfang so nett war und es doch ein schöner Tag werden soll ...

Ich möchte wetten, dass 95 Prozent der Frauen in dieser Situation sprachlos zurückbleiben. Das Fatale ist auch hier wieder: Sonja läuft Gefahr, den Rest des Tages nicht richtig genießen zu können.

Später wird sie vielleicht zu ihrem Mann sagen: »Du glaubst nicht, was deine Schwester mir reingedrückt hat ...«

Als Antwort wird sie bekommen: »Du weißt doch, wie sie ist. Sie meint das nicht böse/Nimm es dir nicht zu Herzen/Lass sie doch.«

Selbst wenn es Sonja den Tag über nicht belastet, wird sie sich doch im Stillen ärgern, dass sie keine Antwort parat hatte.

Was entgegnet man auf eine so subtile Frechheit? Wir müssen hier realistisch bleiben. In diesem Beispiel wird Sonja so überrascht, dass ihr höchstwahrscheinlich nicht die passende Antwort einfällt. Natürlich könnte sie kontern und sagen: »Ich wollte dir im Bad eigentlich den Vortritt lassen.« Aber ich befürchte, dass ihr dafür keine Zeit bleibt. Bis Sonja kapiert, was ihr gerade vorgeworfen wurde, ist die Zeit rum. Und die Schwägerin lediglich mit einem arroganten »Pfff« stehen zu lassen, wäre angesichts des vor ihnen liegenden gemeinsamen Tages vielleicht auch nicht so sinnvoll.

Aber was ihr bleibt, ist die Entlarvung! Und die kann auf mehrere Weisen erfolgen.

TECHNIK 7 – DIE IRONISCHE ENTLARVUNG

Als großer Freund der Ironie ist diese mein persönlicher Favorit. Geben Sie zu erkennen, dass Sie den Seitenhieb durchaus verstanden haben, er sie aber nicht weiter tangiert.

Auf Silkes Angriff »Na, wunderbar. Was hältst du davon, wenn du dich dann schon umziehst, während ich noch mal schnell durchwische?« könnte die Antwort in einem wunderbar ironischen Unterton folgen:

»Tüchtig, tüchtig, liebe Silke, gleich zwei Angriffe in nur einem Satz.«

Wenn Sie das mit einem süffisanten Lächeln verbinden, kann es passieren, dass die Schwägerin mit Ihnen anfängt zu lachen. Wenn nicht: Nicht Ihre Baustelle.

Alternativen könnten sein:

»Respekt! Es versteht sich keine wie du in subtilen Bemerkungen. Weiter so!«

Selbst der Satz »Wenn mir darauf die passende Antwort einfällt, komme ich auf dich zurück« ist immer noch besser als gar keine Antwort.

TECHNIK 8 – DIE NACHFRAGENDE ENTLARVUNG
Sie ist etwas förmlicher, aber sie lässt auch Raum für weitere Antworten.

Sonjas Antwort könnte demnach lauten:

»Habe ich dich richtig verstanden? Du möchtest mir also sagen, dass es hier dreckig ist und ich doof aussehe?«

Wenn Sie es nicht zickig, sondern leicht amüsiert sagen, bekommt es mehr Wirkung. Damit unterstreichen Sie den Fakt, dass es Sie eigentlich nicht interessiert und Sie nur der reinen Höflichkeit halber nachfragen.

Aber Achtung: Wer fragt, bekommt auch eine Antwort. Höchstwahrscheinlich antwortet eine so gerissene Frau mit:

»Aber nein, Liebes, da hast du mich falsch verstanden. Ich dachte nur, ich könnte dir etwas zur Hand gehen.«

Und schwupps, stehen Sie wieder am Anfang.

Die simple Nachfrage eignet sich aber dafür sehr gut für diverse Bürosituationen, so wie diese:

Katharina hält heute einen großen Vortrag vor ihren fast ausschließlich männlichen Kollegen. In der Baubranche, in der sie arbeitet, ist es immer noch nicht üblich, dass Frauen Führungspositionen innehaben. Katharina ist das egal. Sie kann mindestens genauso viel wie, wenn nicht gar noch mehr als ihre männlichen Kollegen. Sie macht ihre Sache gut und auch ihre Präsentation.

Mitten im Vortrag bemerkt sie, wie in den hinteren Reihen getuschelt wird. Auch ohne den Inhalt zu verstehen, glaubt sie zu wissen, dass dort anzügliche Bemerkungen gemacht werden. Das Gelächter zieht immer größere Kreise.

Entweder sie reagiert darauf oder sie riskiert, das hier aus dem Ruder laufen zu lassen. Binnen Sekunden trifft sie eine Entscheidung.

»Meine Herren, wenn Sie uns an Ihren Gedanken teilhaben lassen, dann haben wir alle etwas zu lachen.«

Alle drehen sich zu den Störenfrieden um. Der angesprochene Herr ist sauer. Sauer darüber, so vorgeführt zu werden, und das auch noch von einer Frau. Natürlich würde er das, was er getuschelt hat, nie wiederholen.

Stattdessen flüchtet er sich in: »Wir alle fragen uns gerade, welcher Quote Sie eigentlich Ihre Position zu verdanken haben.«

Oh, glauben Sie mir, es gibt hundert Möglichkeiten, darauf zu reagieren, aber bei ziemlich vielen verlieren Sie Ihre Contenance. Und die darf Katharina nicht verlieren. Sie weiß, es ist die reine gekränkte Eitelkeit, die aus diesem

Herren spricht, und sie muss binnen Sekunden ihre Wut unter Kontrolle bringen.

Die entlarvende Nachfrage könnte in diesem Fall helfen. Zunächst einmal bittet Katharina, das gerade Gesagte zu wiederholen. Ganz simpel.

»Würden Sie das wohl bitte noch mal laut und deutlich wiederholen?«

Allein durch die Wiederholung verliert das Gesagte an Brisanz und führt denjenigen, der es sagt, vor. Höchstwahrscheinlich wird er es gar nicht tun. (Und falls er es doch tut, gewinnen Sie Zeit!)

Oder er wird murmeln: »Schon gut ...«

So können Sie die Sache mit einem »Dann gehe ich davon aus, es war nicht relevant« abhaken.

Für eine Frau in Führungsposition in der Baubranche ist jedoch etwas mehr Mut gefragt:

»Lieber Herr Meier, so war doch Ihr Name, oder? Verstehe ich Sie richtig? Sie unterstellen mir eine nicht ausreichende Qualifikation für diese Position? Interessant, dass das gerade von Ihnen kommt. Machen wir weiter im Text.«

Die Körperhaltung, Stimmlage und die Betonung sind in diesem Fall entscheidend. Es sollte eine Spur Belustigung darin liegen und zum Schluss schlagen Sie einen bitteren Ton an.

TECHNIK 9 – POTZBLITZ?! DIE ZWEI-SILBEN-ANTWORT

Wir haben bereits gelernt, wie wichtig es ist, dass wir überhaupt reagieren. Das muss nicht immer ein literarisches

Meisterwerk sein. Manchmal reicht auch die richtige Gestik, der richtige Blick oder eine hochgezogene Augenbraue aus, um die heiße Kartoffel zurückzuspielen.

Es kann aber nie von Nachteil sein, wenn Ihnen etwas Passendes einfällt. Wie wir nun auch wissen, muss das schnell passieren. Unser Gehirn steht unter Stress, wenn wir aus dem Nichts angegriffen werden. Dafür ist es gut, sich eine Technik bereitzulegen, für die wir nicht zu viel denken müssen.

Der Göttinger Neurobiologe Gerald Hüther hat in einem Artikel recht anschaulich erklärt:

»Man stelle sich die Vorgänge im Kopf wie einen Fahrstuhl vor. Ganz oben unterm Dach sind die vernünftigen und umsichtigsten Lösungen angesiedelt. Im Keller die einfachsten. Im Obergeschoss denken wir vorrausschauend und kreativ.

Dieser Bereich im Gehirn, man nennt ihn den präfrontalen Cortex, versagt unter Druck allerdings kläglich. Unter Stress macht sich in diesem Bereich eine Erregung breit, die dazu führt, dass die einzelnen Verschaltungen nicht mehr funktionieren.

Wir stürzen mit dem Fahrstuhl ab, immer tiefer bis in den Keller. Hier sind die einfachen Lösungen verankert, im Zweifel sogar die, die uns in der Kindheit geholfen haben. Im schlimmsten Fall greifen wir zu ganz alten Mustern wie Türen knallen oder auf den Tisch hauen zurück.«

Im allerschlimmsten Fall, falls der Druck weiter steigt, gehen wir in unsere Steinzeit-Verhaltensmuster zurück.

Hier gab es nur Flucht oder Kampf. Beides ist im Meeting schwierig.

Durch Ihren Schutzschild kommen Sie zukünftig im besten Fall nicht mehr in diese ganz argen Stresssituationen. Dennoch wird es Momente geben, in denen Ihnen die Spucke wegbleibt und Ihr Fahrstuhl ungehindert nach unten braust.

Dafür gibt es eine Notfalltechnik, die so einfach ist, dass wir sie mit ruhigem Gewissen im Keller verankern können, damit wir im Notfall darauf zugreifen können.

Erfinder dieser Technik ist in meinen Augen Loriot! Denjenigen unter Ihnen, die *Pappa ante Portas* gesehen haben, wird jetzt ein Licht aufgehen: »Ach was?!« ist der wohl am häufigsten gesagte Ausdruck in diesem Film.

Sie werden für die Zwei-Silben-Antwort keinen Pulitzer-Preis bekommen und man wird Ihnen auch nicht auf die Schulter klopfen und Ihnen zu so viel Kreativität gratulieren, doch sie ist hilfreich, um in Zukunft nicht mehr sprachlos zurückzubleiben.

Aber Achtung: Auch hier ist wieder gesunder Menschenverstand gefragt! Wenn Sie von nun an auf alles mit »Ach was?!« antworten, will in Zukunft niemand mehr mit Ihnen reden.

In meinen Seminaren sammele ich mit den Frauen immer die schönsten Antworten, die ich Ihnen nicht vorenthalten möchte. Hier sind die besten Zwei-Silben-Antworten, die auf beinahe jede Situation passen:

- 👑 »Ach was?!«
- 👑 »Potzblitz!«
- 👑 »Sach bloß?!«
- 👑 »Husch, husch!«
- 👑 »Scha – de!«
- 👑 »Hex hex!«
- 👑 »Sieh an!«
- 👑 »Nicht wahr?!«
- 👑 »Haha!«
- 👑 »So, so?!«

Eigene Ideen:

Ich bitte Sie, sich den passenden Ton darunter vorzustellen und dazu den hochgezogenen Schutzschild.

Nach einem Seminar bei München erreichte mich folgende Mail:

»Liebe Frau Staudinger. Wenn Sie wüssten, wie oft ich schon an Sie und den Schutzschild denken musste. Und vor Kurzem habe ich es ausprobiert, nur mal um zu gucken, wie das so ist. Ich wurde auf dem Weg zur Arbeit von einem Polizisten angehalten. Ich war ein wenig zu schnell. Er kam zu meinem Auto, ich drehte die Scheibe runter und er sagte: ›Junge Frau, Sie waren um fast zehn km/h zu schnell.‹

Ich konnte nicht anders. Ich habe den Schutzschild hochgezogen, den Beamten freundlich angeschaut und dann ›Potzblitz‹ gesagt. Ich fand es so lustig. Der Beamte leider nicht. Ich musste zum Alkoholtest.«

Ja, liebe Damen, so was kann passieren. Wenn Sie sich ausprobieren wollen, wovon ich wirklich Fan bin, so wäre meine Empfehlung: vielleicht nicht unbedingt bei einem Polizisten.

Die Zwei-Silben Antwort ist Ihre Einstiegsmethode. Denn was passiert? Sie fühlen sich besser und geraten in die Spirale nach oben. Und das wiederum führt dazu, dass Ihnen das nächste Mal vielleicht schon mehr einfällt. Denn nichts beflügelt so sehr wie Erfolg!

DEESKALATION – BRINGEN SIE DIE DINGE ZU ENDE

»Solange du dem anderen sein Anderssein nicht verzeihst, bist du weit weg vom Weg der Weisheit.«
Aus China

Wenn Sie diejenige sind, die die Sache kurz und knapp beendet, holen Sie sich damit zum einen Ihre Souveränität zurück und bringen zum anderen die Sache zu einem friedlichen, aber bestimmten Abschluss.

Cornelia ist in einer Arztpraxis angestellt. Sie arbeitet dort mit einer weiteren Kollegin, die beiden sind ein eingespieltes Team. Routinierte Handgriffe, fast schon wortlose Kommunikation, man könnte sagen: Die beiden arbeiten schnell Hand in Hand. Das müssen sie auch, denn die Praxis hat einen sehr großen Patientenstamm und nicht selten drängeln sich die Leute im Anmeldebereich. Das Team legt Wert auf Diskretion und Empathie, man nimmt sich – heutzutage ja eher unüblich – Zeit für jeden Patienten.

Einigen geht es heute Morgen aber nicht schnell genug. Cornelia telefoniert, schreibt ein Rezept und schickt Patienten ins Wartezimmer, alles gleichzeitig, dabei freundlich und zuvorkommend. Doch plötzlich, als sie den Hörer auflegt, ertönt von ganz hinten aus der Schlange eine nicht so freundliche Herrenstimme:

»Mein Gott, Sie sind aber auch so was von langsam hier. Das ist ja schrecklich!«

Alle Patienten drehen sich um, einige pflichten dem Herren sogar noch bei, niemand ergreift Partei.

Die müssen Sie in so einem Fall für sich selbst ergreifen. Cornelia hat jetzt mehrere Möglichkeiten (natürlich nachdem sie den Schutzschild hochgezogen hat!):

- ♛ Sie kann den Mann überhören und gar nicht darauf eingehen. Das ist in der Lautstärke, in der der Kommentar gefallen ist, aber sehr schwierig.
- ♛ Sie kann vor allen Patienten ein Schauspiel eröffnen. Vorhang auf und Bühne frei: Patient vs. Arzthelferin – Runde eins.

Das würde dann vielleicht so aussehen: Cornelia würde sich offen ärgern und vielleicht pampig antworten: »Es steht Ihnen frei zu gehen, wenn es Ihnen zu lange dauert.«

Oder aber: »Mehr als arbeiten können wir auch nicht!«

Sicherlich sind beides erst mal Antworten und besser, als sprachlos zurückzubleiben. Die erste Antwort entspricht nicht so wirklich der Höflichkeit, die sich das Team auf die Flagge schreibt. Die zweite Antwort hingegen ist eine Rechtfertigung, die dem Patienten gegenüber gar nicht nötig ist. Außerdem schwingt in der zweiten Antwort noch so ganz latent im Unterton mit, überfordert zu sein. Beides ist sicher nicht das, was Cornelia gern ausdrücken will.

Im besten Fall bedient sich Cornelia der Technik »Umdeutung«.

TECHNIK 10 – UMDEUTUNG

Der Vorwurf in diesem Fall heißt: »Sind Sie aber *langsam* hier!«

Wandeln Sie diesen vermeintlichen Vorwurf einfach in etwas für Sie Passendes um.

Cornelias Antwort könnte lauten: »Wenn Sie unter *langsam* verstehen, dass wir uns für jeden Patienten Zeit nehmen, dann gebe ich Ihnen recht.«

Diese Technik gefällt mir persönlich aus mehreren Gründen sehr gut:

- ♛ Sie verfallen nicht in die Rechtfertigungsposition.
- ♛ Sie deuten den Vorwurf einfach positiv.
- ♛ Sie bleiben höflich und werden nicht verletzend.
- ♛ Und: Für Sie ist die Sache hiermit beendet.

Wenn Sie das noch mit der richtigen Mimik sagen, nämlich zuerst Blickkontakt aufnehmen – das hat auch etwas Verbindliches, Sie nehmen den Patienten ernst – und zum Schluss zur Seite abwenden, bedeutet das übersetzt: Ich habe dich gehört, die Sache verhält sich soundso, danke, Ende, aus.

Alice Schwarzer war neulich zu Gast in einer Talkshow. Der Inhalt des Gespräches war sehr brisant und interessant (ihn zu erklären, würde aber an dieser Stelle zu weit führen) und Frau Schwarzer äußerte eine gewagte Vermutung.

Darauf meinte der Moderator zu ihr: »Also, Frau Schwarzer, das ist aber sehr weit gedacht.« In seinem Tonfall schwang so viel Belustigung mit, dass er ebenso gut hätte sagen können: »Das ist aber eine vollkommen unhaltbare Verschwörungstheorie.«

Frau Schwarzer, die jahrzehntelange Erfahrung mit Anfeindungen jeglicher Art hat und dadurch eine solche Lässigkeit an den Tag legt, sagte nur: »Wissen Sie, ich bin es gewohnt, weit zu denken.«

Egal, wie man zu der Dame stehen mag, es war eine erstklassige Antwort! Genial! Sie lässt sich nicht auf das Niveau des Moderators herab und stellt ihn bloß, sondern stimmt dem Gesagten zu und verteidigt sich dadurch auf eine äußerst charmante Weise. Das ist Umdeutung in einer ausgefeilten Variante.

Übung:
Bitte versuchen Sie sich einmal in der Technik der Umdeutung. Wie könnte zu folgenden Vorwürfen die passende Antwort ausfallen?
Die Kollegin sagt zu Ihnen: »Dass du immer so pingelig sein musst.«
Ihre Antwort:

Ihr Chef geht Sie im Meeting relativ barsch an: »Dass Sie immer so weinerlich sind!«
Ihre Antwort:

Eine Freundin sagt beim Wiedersehen nach langer Zeit zu Ihnen: »Ui, du bist aber ganz schön dick geworden!«
Ihre Antwort:

NEID

Susanne ist happy. Sie hat für die Ostertage alles vorbereitet und muss heute Vormittag nur noch schnell die frischen Sachen einkaufen. Ostern findet sie fast noch schöner als Weihnachten, weil das Wetter meist schöner ist und man die Zeit draußen verbringen kann. Und noch etwas macht sie wirklich glücklich: Sie hat über zwanzig Kilogramm abgenommen und fühlt sich wie eine Elfe. Der erste Frühling seit Jahren, in dem sie sich in ihrer Haut richtig wohlfühlt. Gut gelaunt und fast schon beschwingt betritt sie den Supermarkt. An der Wursttheke muss sie einen Moment warten, als plötzlich von hinten die Stimme einer Nachbarin ertönt:

»Das gibt es ja nicht. Susi, bist du das?«

»Ja«, grinst Susi zurück, die das noch als Kompliment deutet.

Die Nachbarin kommt näher und checkt Susi von oben bis unten ab.

»Du hast aber abgenommen«, ist ihr fachmännisches Urteil.

»Ja, ein bisschen«, stapelt Susi tief, die von dem Tonfall leicht irritiert ist.

»Aha.« Bemerkt die Nachbarin in einem abschätzigen Ton und drängelt sich dann auch noch an der Wursttheke vor.

Das war es. Ende. Kein »Du siehst aber gut aus« oder Ähnliches. Nur ein abfälliges »Aha«. Jetzt können Sie zu Recht sagen: Das ist ja kein »Angriff«.

Aber es trifft Susi trotzdem irgendwie. Susi sagt nichts, auch nicht dazu, dass die Nachbarin sich vorgedrängelt hat.

Sie bleibt völlig verdattert stehen und denkt noch auf dem Nachhauseweg über diese merkwürdige Begegnung nach.

Wir alle wissen, womit wir es hier zu tun haben: Neid. Eine wirklich ganz miese Charaktereigenschaft, die aber bestimmt jede von uns, und wenn nur zu klitzekleinen Miniteilen, in sich trägt.

Wie gehen wir mit Neid um?

Wieder einmal gilt: Die anderen bekommen wir nicht geändert! Nur unser eigenes Verhalten. Wenn Ihnen die Bemerkung »Aha« nichts ausmacht – wunderbar. Dann brauchen Sie darauf auch nicht zu reagieren.

Wenn doch, dann hätten Sie an Susannes Stelle hier ein paar Möglichkeiten.

Sie könnten zum Beispiel süffisant antworten:

»Dein ›Aha‹ deute ich einfach mal als: ›Wahnsinn, wie gut du aussiehst!‹ Vielen Dank!« (Das ist im weitesten Sinn die Technik der Umdeutung.)

TECHNIK 11 – DIE NACHFRAGE

»Man nehme sich immer die Zeit, eine Frage zu stellen, nicht immer, eine zu beantworten.«
Oscar Wilde

Übrigens, diese kleinen Zitate, die Sie hier zwischendurch lesen, sollten alle Platz in Ihrer Sprichwortsammlung finden ...

Bleiben wir für die neue Technik bei dem Beispiel von eben:

»Du hast aber abgenommen.«

Eine schöne, einfache Antwort in Form einer Frage wäre:

»Möchtest du wissen, wie?«

Wir haben vorhin schon gesehen, wie hilfreich es sein kann, nicht zwischen den Zeilen zu lesen. Aber manchmal eignet sich diese Technik auch hervorragend zum Kontern. Sie allein bestimmen, welche Techniken zu Ihnen passen!

Die Nachfrage ist ein besonders gutes Mittel, wenn Sie im Verkauf tätig sind. Während meiner Zeit als Anzeigenleiterin habe ich sehr viel mit Fragen gearbeitet. Verkäufer kommen über Fragen an ihr Ziel.

Der Neukunde Müller wollte beispielsweise gern ein umfangreiches Marketingkonzept ausgearbeitet bekommen. Dafür hatte er sehr konkrete Vorstellungen. Was er nicht hatte, war Geld. Auf meine Frage, wie viel Budget er denn für dieses Konzept mitbringe, sagte er: »Für das Konzept? Nee, da habe ich kein Budget für.«

Natürlich ein absolutes No-Go. Das könnte ich dem Kunden so vor den Latz knallen: Kein Budget – kein Konzept. Aber es geht auch charmanter:

»Lieber Herr Müller, nur, dass ich Sie richtig verstehe, Sie möchten also, dass wir für Sie ein umfangreiches Marketingkonzept erarbeiten, Sie in Ihrer Präsentation beraten, kreativ tätig werden und neben sehr viel Zeit auch Mitarbeiter investieren, ohne dass Sie dafür bezahlen möchten?«

Ich habe dem Kunden nur einen Spiegel vorgehalten und ihm die Gelegenheit gegeben, seine Aussage zu revidieren.

In 99 Prozent der Fälle klappt es, der Kunde rudert zurück und sagt:

»Ja, nee, natürlich habe ich dafür Budget.«

Für das übrige ein Prozent kommt jede Hilfe zu spät.

Die Nachfrage-Technik eignet sich häufig bei beratungsresistenten Kunden, die alles besser wissen, sehr gut. Wie in diesem Fall:

»Ein Onlineauftritt ist für uns nicht wichtig!«, sagt der Kunde.

»Lieber Kunde, habe ich Sie richtig verstanden: Im 21. Jahrhundert, in der heutigen Zeit, in der sich kaum einer ohne Smartphone vor die Tür traut, ist ein Onlineauftritt nicht wichtig für Sie?«

Sehr häufig haben gerade selbstständige Frauen das Problem, ihre (eh zu niedrigen) Preise beim Kunden durchzusetzen, und lassen sich häufig zu schnell einschüchtern:

»Sie sind ja viel zu teuer. Wir zahlen grundsätzlich nur XY Euro. Wenn Sie es nicht machen, dann macht es eine andere.«

»Lieber Kunde, habe ich Sie richtig verstanden? Sie bezahlen *jedem* Dienstleister immer das Gleiche unabhängig von seiner Leistung? Ist das bei Ihnen so üblich?«

Das ist nur eine Antwortmöglichkeit von vielen. Sie soll Ihnen zeigen, wie simpel es ist, Ihrem Gesprächspartner den Spiegel vorzuhalten und ihm deutlich zu machen, was er da gerade von sich gegeben hat.

KOMPLIMENTE

Nachtigall, ick hör dir trapsen. Oder auch nicht?
Schwieriges Thema. Zumindest für Frauen.

Viele Frauen kommen »im Rudel« zu den Schlagfertigkeitsseminaren. Meist sind es richtig gute Freundinnen, oft aber auch Mutter und Tochter oder Kolleginnen. Frauen, die sich untereinander wertschätzen und mögen. Sie sagen es sich nur viel zu selten.

Ab und an bitte ich die Frauen, uns (also dem Publikum) zu sagen, was sie an ihrer Begleitung mögen. Immer, aber wirklich immer ist dabei Folgendes zu beobachten:

Ich: »Mit wem sind Sie heute Abend hier?«

Dame 1: »Mit meiner Kollegin. Also auch Freundin.« (Beide Damen lächeln.)

Ich: »Mögen Sie Ihrer Freundin mal sagen, was Sie an ihr besonders schätzen?«

Jetzt fängt Dame 2 schon langsam an, rot zu werden. Dabei hat ihre Freundin noch gar nichts gesagt.

Dame 1: »Sie ist immer freundlich. Sie ist immer positiv.«

Ich: »Sagen Sie es nicht mir, sondern ihr.«

Dame 1 (grinst): »Du bist immer gut gelaunt. Wenn ich dich morgens im Büro sehe, geht für mich die Sonne auf.«

Alle Damen in Publikum: »Oooh.«

Dame 2 schießen augenblicklich die Tränen in die Augen. Meist antwortet sie von allein mit einem Gegenkompliment, in etwa:

»Genauso geht es mir bei dir« oder »Ich arbeite auch so gern mit dir«, oder aber sie winkt beschämt ab.

Viele Damen haben ein Problem damit, ad hoc so in der Öffentlichkeit zu stehen. »All eyes on me« ist nicht jedermanns Sache. Aber meine lieben Damen: Komplimente sind wie Geschenke. Die können Sie vorbehaltlos dankend annehmen. Wenn es um echte, aufrichtige Komplimente geht, sind daran weder Bedingungen noch Gegenargumente geknüpft.

DANKE!
Jede Frau hört gern Komplimente, zumindest sagen wir das immer.

»Schatz, wann hast *du* mir eigentlich das letzte Mal ein Kompliment gemacht?«, ist ein Satz, der bestimmt in jeder durchschnittlichen Ehe fällt.

Jedoch ein solches schlicht und ergreifend anzunehmen, fällt uns sehr schwer. Mal ehrlich, wie reagieren wir denn auf Komplimente?

Stellen Sie sich mal vor, Sie möchten nach langer Zeit mit Ihrem Mann mal wieder gemeinsam essen gehen. Für die Kinder haben Sie einen Babysitter organisiert und der Tisch im neuen italienischen Restaurant ist seit Wochen reserviert. Sie machen sich richtig chic und wagen sich zur Feier des Tages in das »kurze Schwarze«.

»Na, Schatz? Wie sehe ich aus?«

»Du siehst richtig gut aus. Lange her, dass du so ein kurzes Kleid angehabt hast.«

»Wie meinst du das? Gefällt es dir nicht?«

»Ich meine nur, dass es schon lange her ist. Mehr nicht. Es gefällt mir gut.«

»Nur *gut?* Willst du damit sagen, dass ich es nicht tragen kann? Habe ich zu dicke Beine?«

»Nein! Ich wollte nur sagen ...«

»Ja, ja, ich weiß. Ich gehe mich umziehen.«

Es ist schon schwierig, es uns recht zu machen. Wir beschweren uns, dass wir so lange von unserem Liebsten nichts Nettes gehört haben, und wenn dann was kommt, sind wir mit seiner Wortwahl nicht zufrieden.

Woran liegt das? Warum können wir Frauen ein Kompliment nicht einfach mit »Danke. Das ist aber wirklich nett von dir« oder »Danke. Damit hast du mir eine große Freude gemacht« annehmen und uns freuen?

Wir könnten uns ein Beispiel an Kindern nehmen. Eltern und auch Erzieher geizen nicht mit Lob und Anerkennung.

»Ach, du kleiner süßer Muckelmann. Du hast aber ein feines Aa in die Windel gemacht. Priiima.«

»Na, schau an, wer hier so toll malen kann. Eine Giraffe, wie fein.«

»Das soll eine Maus sein.«

»Natürlich, mein kleiner Künstler. Eine wundervolle süße kleine Maus, mit einem wunderschönen langen Hals. Priiima.«

Gewünschtes Verhalten loben, unerwünschtes ignorieren. Selbst in der Hundeerziehung wird es angewendet.

»Mensch, du supertoller Junge. Du hast ja heute dein Müsli nicht auf dem Boden verteilt. Ich bin ja so stolz auf dich. Priiima.«

Was passiert bei Kindern, die gelobt werden? Sie wachsen über sich hinaus. Mit Zuspruch, Lob und Anerkennung trauen sich Kinder an neue Dinge ran und probieren

Neues. Oder haben Sie schon mal Eltern am Fußballplatz gesehen, die ihren Kindern zurufen: »Ey, du Loser. Lass es doch lieber direkt. Das bringt doch nix!«

Ganz im Gegenteil. Der eigene Nachwuchs kann zwei so untalentierte Füße haben wie sonst keiner, trifft er im Spiel auch nur einmal den Ball, wird ein Feuerwerk der Emotionen gezündet.

Meine Erfahrung als Mutter zweier Jungs hat sogar gezeigt, dass Kinder (oder aber im Speziellen Jungs, ich weiß es nicht) sich auch wunderbar selbst motivieren können.

Mein Sohn hat nämlich zum Fußballspielen ungefähr so viel Talent wie ich für das Rhythmische Bodenturnen. Nichtsdestotrotz spielte er fast drei Jahre im Fußballverein, weil er einfach Spaß dran hatte. Leider hatten die anderen weniger Spaß an ihm. Nach einem Turnier, in dem er vier Eigentore geschossen hatte und ihn alle anderen verschmähten, kam mein Sohn ziemlich stolz zu mir und strahlte mich an: »Na, Mama, das war wohl cool, ne?«

»Na ja, mein Schatz«, ich sah aus dem Augenwinkel die Blicke der anderen Jungs, die über die 4:3-Niederlage ziemlich erbost waren, »so ganz optimal ist das mit den Eigentoren ja nicht gelaufen.«

»Ach Quatsch. Tor ist Tor. Fußball ist außerdem ein Mannschaftssport! Ich geh zu den anderen ...«

Das nenne ich mal Eigenlob der ganz besonderen Art. (»Eigenlob stinkt?!«, Kapitel 20)

Ehrlicherweise muss ich sagen, dass für meinen Sohn nach diesem Turnier die Fußballkarriere auf Anraten des Trainers beendet wurde.

Zurück zum Thema Komplimente. Sie werden sich jetzt vielleicht fragen, was das alles mit Schlagfertigkeit zu tun hat. Auf den ersten Blick vielleicht nicht so viel, aber bei genauerem Hinsehen hängt es doch alles zusammen.

Wir können nämlich Komplimente nur annehmen, wenn unser Selbstbild stimmt. Erst dann können wir sie glauben und uns wertfrei darüber freuen. Wir Frauen denken oftmals, wir wirkten eingebildet oder arrogant, wenn wir ein Kompliment annehmen. Was für ein Quatsch! Nehmen Sie es an und seien Sie stolz.

Noch eines möchte ich Ihnen mit auf den Weg geben. Machen Sie selbst auch Komplimente. Sie wurden in einem Café besonders freundlich behandelt? Sagen Sie es! Sie finden Ihre Apothekerin immer sehr hilfreich? Sagen Sie es Ihr! Sie glauben, das ist nicht nötig, weil die Person, die Ihnen gegenübersteht, schon mitbekommt, dass Sie sie mögen? Mitnichten.

Jana geht seit einer halben Ewigkeit immer im gleichen Supermarkt einkaufen. Jede Woche begegnet sie der gleichen Wurstfachverkäuferin, Rosi – ihren Namen kennt Jana jedoch nicht.

Rosi ist immer sehr nett und zuvorkommend. Sie mag ihre Arbeit. Heute ist jedoch nicht ihr Tag, denn eben wurde sie von einer Kundin angefatzt, weil die Vorbestellung noch nicht da war. Unfreundliche Kunden machen ihr irgendwie zu schaffen.

»Guten Morgen, Frau Müller. Was darf es heute sein?«, begrüßt sie ihre Stammkundin freundlich. Frau Müller kann ja nichts für die unfreundliche Kundin von vorhin.

Jana gibt ihre Bestellung auf und zum Schluss sagt sie spontan:

»Habe ich Ihnen eigentlich schon mal gesagt, wie gern ich hier bei Ihnen einkaufe? Sie sind immer so zuvorkommend und freundlich. Danke.«

Rosi läuft rot an und es dauert ein paar Sekunden, bis sich ein Lächeln auf ihrem Gesicht breitmacht. Beschämt guckt sie nach unten, sie weiß gar nicht, was sie sagen soll.

»Oh, äh, och, ja, danke. Das ist aber lieb von Ihnen.«

»Ja, gern. Das musste mal gesagt werden. Tschüss, bis zum nächsten Mal.«

Was hat dieses klitzekleine Kompliment für eine Wirkung?

Beiden Frauen geht es besser: Jana, weil sie gemerkt hat, dass sie Rosi eine Freude gemacht hat. Und das macht den meisten Menschen Spaß. Wir freuen uns, wenn wir andere zum Lächeln bringen.

Und Rosi freut sich, weil sie ein wundervolles Kompliment bekommen hat. Sie wird nun beschwingt durch den Rest des Tages gehen, wird alle weiteren Kunden noch freundlicher behandeln und wenn es richtig gut läuft, fährt sie dafür vielleicht sogar noch ein Lob von ihrem Chef ein.

Es ist eine Spirale nach oben! Sie erinnern sich vielleicht noch an Lisa aus unserer ersten Geschichte? Lisa geriet in eine Spirale nach unten und das ausschließlich aufgrund ihrer eigenen Gedanken und inneren Einstellung.

Während Sie bei »Angriffen« Ihren Schutzschild hochziehen, sollten Sie Komplimente hingegen aufsaugen wie ein Schwamm.

Und: Wenn Jana das nächste Mal kommt, wird Rosi sich ein Loch in den Bauch freuen und stets darauf achten, dass Jana ein besonders schönes Stück Fleisch bekommt.

Ich möchte Sie hiermit nicht dazu anstiften, überall rumzuschleimen, damit Sie gute Wurst bekommen. Aber bitte fühlen Sie sich animiert, wenn Dinge Ihnen gut gefallen, es auch zu sagen! Wir Menschen üben so viel mehr Kritik, als dass wir uns gegenseitig loben.

Wenn *Sie* das nächste Mal ein Kompliment bekommen, weil Sie vielleicht ihre linke Hand besonders gut manikürt haben, dann saugen Sie es auf und freuen sich einfach, dass es jemand zur Kenntnis genommen hat.

Aufgabe:
Machen Sie Ihrer Freundin in der nächsten Woche ein Kompliment! Sagen Sie ihr, warum Sie gern Zeit mit ihr verbringen. Beobachten Sie dabei, was es
♛ mit Ihnen,

👑 mit Ihrer Freundin und

👑 mit Ihrer Freundschaft macht.

DAS SAURE KOMPLIMENT
Wenn Sie, warum auch immer, in einer Umgebung leben, in der Sie Ihren Schutzschild fast immer oben haben (dann sollten Sie mal Ihre Umgebung checken!), kann es passieren, dass Sie echte Komplimente nicht mehr erkennen und hinter allem und jedem etwas Böses vermuten. Versuchen Sie stets wertfrei zu sein und geben Sie jedem eine Chance.

Rosi aus unserem Beispiel begegnete kurz zuvor einer unfreundlichen Kundin und hat ihre Enttäuschung trotzdem nicht an Jana ausgelassen.

Haken Sie nicht bei jeder Bemerkung mit einem unsicheren »Wie meinst du das?« nach. Man kann nämlich seinem Gegenüber nur so viel Schlechtes unterstellen, wie man selbst mitbringt ...

Nur leider, leider, es gibt sie: diese vergifteten, ekeligen, sauren Komplimente. Die verhalten sich ähnlich wie subtile Äußerungen (Kapitel 22), sind aber noch einen Tacken besser versteckt.

Gisela ist zu Ullis Geburtstag eingeladen. Sie hat nicht wirklich Lust, aber es ist ihre direkte Nachbarin und eine Ausrede ist ihr nicht eingefallen. Zwischen den beiden Frauen herrscht eine unausgesprochene, merkwürdige Stimmung. Sie sind so unterschiedlich, wie Frauen nur sein können. Aber anstatt sich genauso zu nehmen, wie sie sind, und den eigenen Horizont zu erweitern, macht es eher den Eindruck, als wolle die eine die andere übertrumpfen.

Ulli würde es sehen, wenn sie abends zu Hause wäre, und Gisela hat keine Lust, sich an einem Freitagabend im eigenen Heim zu verstecken. Also geht sie hin.

Ulli feiert immer so betont chic. Gisela ist eher der Jeans-Typ, aber sie weiß, dass sie damit zu sehr auffallen würde. Also greift sie zu einem Kleid.

»Herzlichen Glückwunsch, Ulli, und hab vielen Dank für die Einladung«, begrüßt Gisela das Geburtstagskind.

Ulli sitzt inmitten ihrer Gäste und steht selbstverständlich auf, als Gisela dazustößt. Die restlichen Gäste beobachten unaufgeregt die Szene.

»Ach, danke, meine Süße. Ich freue mich, dass du gekommen bist.« Gisela mischt sich unter die anderen Gäste und später am Büfett zischt ihr Ulli leise ins Ohr: »Das Kleid – Wahnsinn! Da sieht man deine Fettröllchen ja gar nicht.«

Der hat gesessen. Während Gisela die Farbe verliert, läuft die Uhr: tick, tack, tick, tack ... *bäm* – drei Sekunden sind um.

Gisela fällt nichts ein und Ulli, ach ja, Ulli, die ist schon beim nächsten Gast.

Für Gisela ist der Abend, wenn sie nichts sagt, gelaufen. Sie ärgert sich. Darüber, dass ihr nichts eingefallen ist, und eigentlich schon darüber, dass sie überhaupt hergekommen ist.

Das vergiftete Kompliment ist eine ganz schwierige Herausforderung. Der Angreifer möchte Sie damit herabsetzen, aber bitte nicht so, dass man ihm etwas nachsagen kann. Das zeigt auch direkt die Sorte Mensch, mit der wir es hier zu tun haben. Solche Menschen sind feige. Stets ängstlich, dass man ihrem gehässigen Wesen auf die Schliche kommt und sie so ihr »Everybody's Darling«-Image aberkannt bekommen würden, verpacken sie ihre Angriffe hinter vergifteten Komplimenten.

Hier sollten Sie aufpassen.

Reaktion 1:
Gisela könnte relativ entrüstet nachfragen: »Wie meinst du das denn bitte?«

Damit gibt sie Ulli die Gelegenheit, sie als hysterisch und zickig dastehen zu lassen.

»Ach, du Süße, sei doch nicht immer so empfindlich, mh?«

Oder auch gern genommen: »Seit wann verstehst du denn keinen Spaß mehr?«

Daraufhin ist die Bühne frei für den Zickenkrieg. Sie öffnen ein Fass. Können Sie machen! Müssen Sie aushalten können.

Reaktion 2:
Gisela weiß, dass Ulli gern mal austritt, wenn keiner hinguckt. Also zieht sie schon mit Betreten des Hauses ihren Schutzschild hoch und suggeriert sich selbst vorher: *Die* ärgert mich heute nicht!

Es folgt wie gehabt:

»Das Kleid – Wahnsinn! Da sieht man deine Fettröllchen ja gar nicht.«

Gisela nutzt ihre drei Sekunden und konzentriert sich auf ihren Blick. Dieser wandert langsam, aber bedächtig über Ulli und dabei drückt er eine Spur Mitleid aus. Dazu sagt sie langsam und betont freundlich:

»Dann macht es ja vielleicht Sinn, dass ich es dir das nächste Mal leihe.«

Gisela wendet danach den Blick ab und bedient sich am Büfett.

Sie hat den Ball zurückgespielt. Auf nichts anderes kommt es bei Schlagfertigkeit an: den Ball zurückspielen. Ihrem Gegenüber den Spiegel vorhalten. Weg mit der heißen Kartoffel.

Die Technik ist so simpel wie der Angriff, denn es ist die simple ehrliche Antwort (Technik 13, am Ende dieses Kapitels). Die setzt keine besonderen rhetorischen Kenntnisse, sondern »nur« Mut voraus!

Reaktion 3:
Ich möchte Ihnen noch eine dritte Möglichkeit ans Herz legen. Die ist aber für Frauen die wohl schwierigste aller Antworten. Sie setzt früher an. Viel früher. Nämlich in dem Moment, in dem die Einladung kommt.

»Gisela, ich möchte dich sooo gern zu meinem Geburtstag einladen. Du kommst doch am nächsten Samstag auch, oder?«

»Nein.«

»Wie?«

»Nein.«

»Wie, nein?«, fragt Ulli völlig verwirrt nach. »Hast du keine Zeit?«

»Doch, ich hätte Zeit. Aber keine Lust. Tut mir leid. Euch aber viel Spaß.«

TECHNIK 12 – DIE EIN-SILBEN-ANTWORT

Als absolut radikalen Geheimtipp möchte ich Ihnen gern die sehr wirksame, wenn auch oft endgültige Technik der Ein-Silben-Antwort ans Herz legen. Die drei prominentesten Beispiele hierfür sind:

- ♛ »Nein!«
- ♛ »Tschüss!«
- ♛ »Raus!«

Nicht zu empfehlen beim Chef!
    Denken Sie mal drüber nach ...

TECHNIK 13 – DIE EHRLICHE ANTWORT

Ehrlich währt am längsten ...

    ... und ist nebenbei bemerkt auch am einfachsten. Manchmal ist die pure Wahrheit aber so grausam, dass sie uns zu »drüber« vorkommt.

    Ich habe in diesem Buch schon mehrere Beispiele der ehrlichen Antwort dargestellt. Erinnern Sie sich zum Beispiel an die beiden Damen im PEKiP-Kurs. Die Antwort lautete:

    »Schade eigentlich, liebe Claudia. Denn wenn ich mir den Torben-Hendrik so anschaue, könnte ihm ein bisschen Erziehung von außen nicht schaden.«

    Oder denken Sie an Gisela und Ulli mit dem sauren Kompliment. Giselas Antwort war:

    »Dann macht es ja vielleicht Sinn, dass ich es dir das nächste Mal leihe.«

Die Technik ist so simpel wie grausam: einfach bei der Wahrheit bleiben.

»Am liebsten hätte ich ... gesagt!«, höre ich sehr häufig im Seminar. »Aber das habe ich mir nur gedacht.«

Wenn Sie sich einen Konter nur denken, dann ist das wie innerlich freuen. Da hat keiner Spaß dran. Das sollte schon raus.

Die ehrliche Antwort setzt weder besondere Kreativität noch rhetorische Künste voraus. Aber den Mut, sie auszusprechen! Sie sehen, der Kreis schließt sich immer wieder bei gewissen Themen wie Selbstliebe oder Mut.

Perfekt ist es natürlich, wenn die ehrliche Antwort mit Humor gespickt ist.

Vor einigen Jahren war ich mit meinem Sohn Max, der saß damals noch im Maxi-Cosi, einkaufen. In vielen Parkhäusern gibt es ja diese Mutter-Kind- bzw. Eltern-Kind-Parkplätze, wie sie heute heißen. Eine tolle Sache. Noch toller, wenn sie denn auch von Eltern mit Kindern benutzt werden könnten. Allzu häufig stehen dort aber Sportwagenbesitzer, ältere Herrschaften oder sonstige Spezialisten. Ich bin immer extra in dieses Parkhaus gefahren, denn dort waren diese speziellen Parkplätze noch ein Stück breiter, sodass man mit dem wirklich extrem unhandlichen Maxi-Cosi besser rangieren konnte.

Natürlich war der Parkplatz an jenem Tag besetzt. Also stellte ich mich in die vierte Reihe und schleppte meinen kleinen Wonneproppen quer durch die Tiefgarage. Vorn angekommen, sah ich die Dame, die den Platz in Anspruch nahm: eine Frau mittleren Alters, topfit und mit zwei Körben bewaffnet.

Ich ging zu ihr und sagte in einem wirklich sehr freundlichen Ton: »Entschuldigen Sie, junge Frau, aber wenn ich das sagen darf: Sie stehen auf einem Parkplatz extra für Mütter und wenn mich nicht alles täuscht, haben Sie kein Kind dabei.«

Sie guckte mich an und in ihrem Gesicht konnte man ablesen, dass sie binnen Sekunden zu entscheiden versuchte: Was mache ich? Lasse ich mir eine Ausrede einfallen, sage ich einfach: »Das geht Sie nichts an«, oder entschuldige ich mich ...?

Da ich ja sehr freundlich war und sie nicht gleich wie eine Furie angegangen bin, lächelte sie mich an und fragte: »Nee, aber hilft es, wenn ich sage, dass morgen meine Enkelkinder kommen?«

Wir mussten beide herzhaft lachen. Die Situation war deeskaliert. Wir haben noch kurz miteinander gesprochen und sie gab ehrlich zu, dass sie es zwar gesehen hatte, aber unter Zeitdruck war. Sie sah mich mit dem schweren Maxi-Cosi, bekam ein schlechtes Gewissen und versprach, sich nie mehr auf einen solchen Parkplatz zu stellen.

Wir haben uns mit einem Lächeln verabschiedet. Ihre Antwort war nicht nur schlagfertig, sondern auch noch ehrlich und witzig. Eine schöne Art der Kommunikation.

Ein paar Wochen später sollte mir an exakt derselben Stelle Gleiches widerfahren. Dieses Mal war es ein Herr, ebenfalls mittleren Alters. Seine Antwort? Das geht nur zensiert: »Was geht dich das an, du f**** Sch*****!? Kümmere dich um deinen eigenen Sch***!«

Ja ... die Menschen sind unterschiedlich ...

SUPERWOMAN

Verena ist dreifache Mama und arbeitet Teilzeit als Key Accounterin für einen Spielzeughersteller. Ihr Mann ist ebenfalls voll berufstätig, verlässt das Haus morgens aber bereits um sechs Uhr. Verena steht mit ihm auf, sodass sie bereits fix und fertig ist, wenn die Kinder wach werden. Gemeinsames Frühstück ist ihr wichtig, ebenso wie gesunde Pausenbrote. Dann bringt sie die drei in die Schule und den Kindergarten. Der Größte ist schon 13 Jahre alt und recht selbstständig, aber die beiden Kleineren mit sieben und drei Jahren brauchen noch viel Aufmerksamkeit. Von der Kita fährt Verena direkt durch ins Büro und trifft dort, wenn der Verkehr es zulässt, um spätestens neun Uhr ein.

Verena genießt hundertprozentiges Vertrauen von ihrem Vorgesetzten. Er schätzt ihre Leistung und sie darf sich ihre Arbeitszeit allein einteilen. Auch Homeoffice-Tage darf sie nutzen, wie sie möchte. Sie hat Zahlen, die sie erreichen muss – wie, das bleibt ihr selbst überlassen. Verena liegt meist über diesen Zahlen, aber dafür ackert sie auch wie ein Tier. Hinter der Bezeichnung »Homeoffice« versteckt sich nämlich in Wahrheit: arbeiten rund um die Uhr.

Sie verlässt das Büro meist gegen 13 Uhr, mal früher, mal später, und holt die Kinder ab. Während diese Hausaufgaben machen, sitzt sie am Rechner und arbeitet weiter. Wenn sie die Kinder zu den Nachmittagsbeschäftigungen wie Schwimmen oder Musikunterricht fährt, arbeitet sie über ihr Handy. Sie ist für Kunden und Kollegen den ganzen Tag ansprechbar. Abends kocht sie noch mal warm, für ihren Mann, der meist um 18 Uhr wieder zu Hause ist. Dazwischen kümmert sie sich um den Haushalt. Sie hat zwar eine Hilfe, aber die Wäsche und Aufräumen bleiben ihr trotzdem erhalten. Um zwanzig Uhr, wenn die Kinder im Bett sind, geht sie wieder an den Rechner und arbeitet die Telefonate schriftlich ab. Feierabend hat sie um circa 22.30 Uhr, wenn ihr die Augen zufallen. Um fünf Uhr geht erneut der Wecker ...

Alles in allem könnte man sagen: Diese Frau ist ausgelastet. Denn eventuelle Elternabende, Kindergartenversammlungen, Laternen-Basteln, Kindergeburtstage, Freundschaften pflegen, Sport etc. kommen ja noch on top.

Verenas Verhältnis zu ihrem Chef ist tipptopp, aber zu ihren Kollegen nicht. Diese sehen nur eine oft abwesende Kollegin, die kommen und gehen darf, wie sie will. Das ist doch unfair. Macht sich hier einen Lenz, nur weil sie im Verkauf ist.

»Guten Morgen«, ruft Verena fröhlich, als sie um kurz nach neun das Büro betritt. Die anderen sind schon da.

»Ach, kommst du auch noch«, gibt eine Kollegin spöttisch zurück.

Verena sagt nichts, sie denkt sich ihren Teil.

Während sie ihre Arbeitszeit bis ins Letzte nutzt, tauschen sich ihre Kolleginnen gern über mehrere Minuten und mehrmals am Tag in der Kaffeeküche aus. (Ich hoffe, dass irgendwann auch mal das Thema Produktivität vor Arbeitsstunden gesetzt wird – aber das nur am Rande.)

»Ich möchte mal gern wissen, was die mit dem Chef hat, damit sie hier solche Vorzüge genießen kann«, ist noch das Freundlichste, was hinter Verenas Rücken gesprochen wird.

Um 13 Uhr packt sie ihre Sachen und macht sich auf den Weg zur Schule.

»Tschüss zusammen. Bis morgen.«

»Ach, bist du schon wieder weg? Kommst als Letztes, gehst als Erstes. So gut wie du möchte ich es auch mal haben«, ertönt die giftvolle Stimme ihrer Kollegin.

Alle anderen gucken und nicken dazu.

Reaktion 1:

»Na ja, aber ich habe doch Homeoffice, ich arbeite doch gleich von zu Hause weiter«, rechtfertigt sich Verena.

»Ja, ja, das würde ich auch sagen. Schön auf der Couch unter der Decke«, gibt die Kollegin betont freundlich grinsend zurück, »'nen schönen Lenz machst du dir. Gib es doch zu.« Sie blickt sich unter ihren Kollegen um, ob auch alle gucken und mit grinsen.

Verena steigt die Schamesröte ins Gesicht.

»Hör mal, ich habe drei Kinder. Mit auf der Couch sitzen hab ich es nicht so«, wirft sie ein. Der Ton wird schon schärfer.

»Jetzt werd doch nicht gleich zickig. Weißt doch, wie ich das meine!« Damit wendet sich die Kollegin ab und lässt Verena wie einen bedröppelten Pudel stehen.

Das Gute vorweg: Verena hat ja reagiert. Sie bleibt nicht sprachlos zurück. Die Souveränität ist also nicht gänzlich verloren. Aber: Sie hat nicht den Matchball gespielt, denn sie wurde stehen gelassen und wird höchstwahrscheinlich nicht zufrieden mit ihrer Antwort sein. Sie wird sich ärgern, weil sie in die Rechtfertigung gegangen ist. Verena muss sich jedoch den Kollegen gegenüber nicht rechtfertigen. Nur ihrem Chef, und der ist, zu Recht, mehr als zufrieden!

Schauen wir uns doch Verena einmal an: Sie bewältigt einen Alltag, unter dem viele nach spätestens drei Tagen zusammenbrechen würden. Verena ist nicht nur Working-Mum, nein, wenn Sie mich fragen, ist Verena *Superwoman!* Sie weiß es nur nicht. Vielleicht bekommt sie zu wenig Anerkennung. Ja, das mag sein. Ihr Mann kommt selbst kaputt von der Arbeit heim und sieht gar nicht, was seine Frau im Hintergrund alles leistet. Er ist ja ach so kaputt von seinem Job.

Kinder schenken einem fast nie Anerkennung. Erst wenn sie später selbst Kinder haben, kann der reflektierte Blick einsetzen und der Mund offen stehen bleiben mit der Frage: Wie hat Mama das alles geschafft?

Sie müssen sich diese Anerkennung also selbst geben. Liebe Leserinnen, ich bin ganz, ganz sicher, dass fast alle von ihnen solche Superwomen wie Verena sind, auf ihre ganz eigene Art und Weise. Aber statt vor dem Spiegel zu stehen und sich auf die Schulter zu klopfen, wie super Sie das alles hinbekommen, stehen Sie vor dem Spiegel und hadern mit Ihrem Hintern.

Wir sind Superwomen!

Sie merken, es geht auch hier wieder um das Thema Selbstbild ...

Wissen Sie, was Superwoman nicht macht? Sie rechtfertigt sich nicht! Sie stellt sich gar nicht auf eine Stufe mit ihren Angreifern. Denn Superwoman hat ja ihren Schutzschild dabei und lässt solche Sprüche an sich abprallen.

Wenn Verena also wüsste, dass sie Superwoman ist, würde die Geschichte vielleicht so laufen:

Reaktion 2:
»Tschüss zusammen. Bis morgen.«
»Ach, bist du schon wieder weg? Kommst als Letztes, gehst als Erstes. So gut wie du möchte ich es auch mal haben.«
»Oh ja! Ich gehe jetzt nach Hause, lege mich auf die Couch, gucke den ganzen Tag Trash-TV und spiele mir am dicken Zeh. Herrlich! Kann ich dir nur empfehlen.« (Übertreibung)

Oder Verena lächelt ihrer Kollegin süffisant entgegen, guckt sie dabei von oben nach unten an und säuselt:
»Jeder so, wie er es verdient. Tschööö.« (Sprichwort)
Oder:
»Scha-de!« (Zwei-Silben-Antwort)

Keine dieser Antworten setzt Verena in die Rechtfertigung. Die gezeigten Möglichkeiten retten sie aus der akuten Situation, aber sie lösen nicht das eigentliche Problem. Es wäre eigentlich die Aufgabe des Chefs, hier etwas dazu zu sagen. Wenn Sie, warum auch immer, Ausnahmeregelungen im Büro genießen, dann sollte das der Chef wenigstens einmal offen kommunizieren.

Hier sind wir wieder bei dem Punkt, dass Männer – und dazu gehören leider auch Männer in Führungspositionen – ungern Stellung beziehen.

Wenn Sie ein für alle Mal die Sache geklärt haben wollen, müssen Sie wohl etwas deutlicher werden. Gehen Sie nach so einer frechen Äußerung langsam und bedächtig zu Ihrer Kollegin. Beugen Sie sich an deren Schreibtisch zu ihr runter, gucken ihr fest in die Augen und sagen deutlich:

»Wenn du mal die gleiche Leistung erbringst wie ich, dann darfst du deinen Senf gern dazugeben. Und bis dahin gilt: Psst!« Blick zur Seite abwenden. Und Ende der Vorstellung.

TECHNIK 14 – ÜBERTREIBUNG

Schon das ein oder andere Mal sind wir in unseren Geschichten auf die Technik der Übertreibung gestoßen. So hat Petra in unserer Schwiegermutter-Geschichte mit ihrer Antwort »Die pinken waren leider aus!« sehr schön übertrieben.

Oder aus dem Interview mit Nicole Beste-Fopma, die im Vorstellungsgespräch auf die Frage, was sie denn mit ihren Kindern während der Arbeitszeit mache, antwortete: »Ich sperre sie in den Schrank und hole sie abends wieder raus.«

Auch Verena in unserer letzten Geschichte übertreibt, wenn sie der Kollegin sagt: »Oh ja! Ich gehe jetzt nach Hause, lege mich auf die Couch, gucke den ganzen Tag Trash-TV und spiele mir am dicken Zeh. Herrlich! Kann ich dir nur empfehlen.«

Bei der Übertreibung zeigen wir unserem Gegenüber, wie unangebracht seine Äußerung war und wie offensichtlich es ist, dass es eben genau nicht so ist. Dazu kommt, dass Übertreibungen meist auch noch witzig sind und beide zum Lachen bringen – vorausgesetzt Ihr Gegenüber hat Humor.

Szenen einer Ehe: Mein Mann ist sehr zuverlässig. In nahezu allem. Nur wenn es darum geht, etwas zu reparieren … da verließen sie ihn … Wie auch immer, seit geraumer Zeit war unsere Deckenlampe im Flur kaputt. Also nicht kaputt, aber vier von fünf Lampen leuchteten nicht mehr. Das ist besonders in den Wintermonaten, na ja, nennen wir es mal »schwierig«.

»Auaaa!«, ruft mein Sohn Max, als er im Fast-Dunkeln über seinen Ranzen fällt.

»Also verdammt noch mal, Hase, du wolltest die schon längst ausgewechselt haben!«, ertöne ich leicht versauert. »Bitte schreib mir auf, was da für Lampen reinkommen, ich mache das jetzt selbst!«, schieße ich noch hinterher.

»Papa, echt, Mann! Ich sehe hier nix«, bestärkt mich Max und selbst der Kleine wirft noch ein dreimalkluges »Genau!« hinterher.

Alle auf den Papa. Mein Mann schaut mich an und sagt todernst: »Hör mal, wenn ich sage, ich mache das, dann mache ich das. Da musst du mich nicht alle sechs Wochen dran erinnern.«

Das war zwar übertrieben, aber nicht maßlos, und immerhin hat es dazu geführt, dass ich herzhaft lachen musste und der aufkommende Streit wie weggeblasen war. Und siehe da – nur drei Wochen später hatten wir auch wieder Licht im Flur.

TECHNIK 15 – SOS-NOTFALLSPRÜCHE

Es gibt bestimmt noch mehr Techniken auf dem Weg der Schlagfertigkeit, ganz sicher. Ich persönlich bin aber ein Freund der Authentizität und nicht des Überschulens. Bleiben Sie natürlich und locker. Wenn Sie bei jeder Antwort überlegen: »Oh Gott, wie ging die Technik gleich noch mal?«, verlieren Sie Ihre Spritzigkeit.

Sie haben jetzt 14 Techniken, die Sie in Zukunft verwenden können, und dazu die Gewissheit, dass es so viel mehr als nur die sprachliche Ebene benötigt.

Zu guter Letzt gibt es da aber noch die SOS-Sprüche. Es kann garantiert nicht schaden, wenn Sie sich ein paar wirklich coole Sprüche aneignen. Ich verrate Ihnen ein paar von meinen, aber bitte, bitte denken Sie mit dem gesunden Menschenverstand! Nicht alle davon sind cheftauglich!

- ♕ Fräulein, hier klatscht es gleich, aber das ist dann kein Applaus!
- ♕ Klar kannst du dich melden, nur nicht bei mir!
- ♕ Sprich's in die Tüte, ich hör's mir zu Hause an!
- ♕ Wenn ich dich sehe, feiert mein Frühstück Comeback!
- ♕ Du drehst bestimmt auch das Quadrat bei Tetris!
- ♕ Denken ist wie googeln, nur krasser!
- ♕ Du musst mich nicht mögen, ich bin ja kein Facebookstatus!
- ♕ Geh und spiel Baum!
- ♕ Ich würde mich ja gern mit dir geistig duellieren, aber ich sehe, du bist unbewaffnet.
- ♕ Perfekt aussehen muss nur, wer sonst nichts kann.

Teil III

FINISH

Typisch Frau!

MÄDCHEN HALT

Wir arbeiten in diesem Buch mit Klischees. Weil es Spaß macht und viele Dinge anschaulich verdeutlicht. Daher sehen wir uns auch ein paar Situationen an, die scheinbar »typisch Frau« sind.

Daniela ist mit dem Auto in der Innenstadt unterwegs. Es mag Frauen geben, die diese Situation an sich schon beunruhigend finden. Daniela gehört nicht dazu. Sie ist eine gute und sichere Autofahrerin. Nur mit dem Rückwärtseinparken hat sie es nicht so. Typisch Frau eben … Mitten in der Innenstadt findet sie einen Parkplatz, doch hier kommt sie ums Rückwärtseinparken nicht drum herum. Kurz bricht ihr der Schweiß aus, denn wenn es ihr nicht auf Anhieb gelingt, wird sie den ganzen Verkehr aufhalten.

»Ganz ruhig. Du schaffst das schon«, redet Daniela sich ein.

Sie setzt zum Einparken an und schwupps, rammt sie mit ihrem Hinterrad den sehr hohen Bordstein und fährt dabei noch fast einen Rentner um. »Mist«, denkt sie.

Auf einem großen Baugerüst direkt am Straßenrand stehen fünf Bauarbeiter. Die fühlten sich zum Zuschauen motiviert und stellen ihre Arbeit ein.

Daniela ist ehrgeizig und will diese Parklücke. Hinter ihr hupen die Autos schon. Sie versucht es erneut, schlägt das Lenkrad ein und zack, ist sie erst mal drin. Dann muss sie noch so circa hundertmal rangieren, bis sie wirklich gut steht und kein Hindernis mehr darstellt. Als sie aussteigt, sieht sie die Bauarbeiter, die ihr süffisant und gut hörbar einen schallenden Applaus schenken.

Reaktion 1:
Daniela übersieht und überhört die Herren einfach und stakselt mit knallrotem Gesicht von dannen.

Reaktion 2:
Daniela erinnert sich an die wichtigste Voraussetzung für Schlagfertigkeit, nämlich die Kunst, über sich selbst lachen zu können. Zugegeben, dieses Manöver war keine Glanzleistung und bedient jedes Klischee. Daher lächelt sie zurück, verbeugt sich tief vor den Bauarbeitern und bedankt sich für den Applaus.

In der folgenden Situation ist Kim mit ihren Freundinnen verabredet. Sie wollen gemeinsam in einen Club zum Tanzen und Cocktailstrinken. Kim beherrscht die zweifelhafte Kunst, Typen anzuziehen, die ihr überhaupt nicht gefallen. Das an sich wäre nicht das Problem. Doch ihr fehlt es an Mut, sich solcher Typen wieder zu entledigen, und so verbringt sie meist den ganzen Abend mit zwielichtigen Problemfällen. Heute Abend aber, so hat Kim sich vorgenommen, wird ihr das nicht passieren.
Gerade auf der Tanzfläche kommt ein junger Mann auf sie zugetanzt. Sein Selbstbild ist tippitoppi. Uwe, so nennen wir ihn einfach mal, fühlt sich wie John Travolta, tanzt aber wie Rumpelstilzchen.

Keine Frau, insbesondere Kim, ist vor ihm sicher und sein Blick konzentriert sich dabei besonders auf die »Augen«, die sich etwas unterhalb des Kinns befinden.

»Oh je«, flüstert ihre Freundin Kim ins Ohr, »da ist schon wieder so ein Problemfall, der es auf dich abgesehen hat.«

Kim schafft es nicht, sich Rumpelstilzchen zu entziehen, und ist kurz »gezwungen«, mit ihm zu tanzen. Aber Uwe will mehr. Er hat in Kim ein dankbares Opfer gefunden. Kim sieht schon ihren Abend in Gefahr und hatte sich ja vorgenommen, dass es dazu nicht mehr kommt.

Reaktion 1:
Sie versucht es höflich bei Uwe, indem sie vorgibt, eine Pause zu brauchen. Uwe kommt ihr hinterhergetanzt.

Reaktion 2:
Es reicht. Jetzt hat sie keine Lust mehr, zumal sie an der Theke einen wirklich süßen Typen entdeckt hat. Sie signalisiert Uwe, dass sie ihm etwas ins Ohr flüstern will, und er kommt freudig angetänzelt.

»Sag mal, tanzt du eigentlich gern?«

Uwe strahlt übers ganze Gesicht und ruft freudestrahlend: »Jaaa!«

Wieder deutet ihm Kim, näher zu kommen, und sagt ihm laut und deutlich ins Ohr: »Warum lernst du es denn dann nicht?«

Uwe ist wie ein hoch motivierter, prall aufgepumpter Luftballon, der in Kontakt mit einer spitzen Nadel kommt. Kim ist frei und tänzelt locker zur Theke ...

Unser drittes Beispiel: Anouk ist im Supermarkt einkaufen. Bei den Bananen merkt sie, wie sie von einem deutlich älteren Herrn angeflirtet wird. Im ersten Moment ist sie beleidigt. »Sehe ich denn so alt aus?«, ist ihr unmittelbarer Gedanke.

Männer haben für gewöhnlich überhaupt keine Scheu, sich an Damen jenseits ihres Alters heranzuwagen. (Auch eine Sache des Selbstbildes.)

Anouk tut zunächst so, als würde sie ihn nicht sehen. An der Fleischtheke trifft sie wieder auf den Herrn.

Er lässt ihr den Vortritt mit den Worten: »Die schöne Frau hier darf sehr gern vor.«

Anouk empfindet das nicht als charmant, sondern als nervig.

Am Auto, beim Einladen, kommt der Herr auf sie zu und fragt ohne jede Zurückhaltung: »So, junge Frau, und wir beide gehen jetzt schön einen Kaffee trinken?«

Reaktion 1:
»Oh, ähm, um ehrlich zu sein, habe ich keine Zeit.« Und im Stillen ärgert Anouk sich, dass dieser locker dreißig Jahre ältere Mann sie einfach so anmacht.

Reaktion 2:
Sie schaut ihm verträumt in die Augen und säuselt: »Kennen Sie das? Sie treffen auf einen Menschen, der trotz seines Altersunterschiedes so wahnsinnig interessant und unwiderstehlich ist?« Ohne ihm die Zeit für eine Antwort zu geben, fährt sie fort, aber in einem ernsten Ton: »Sehen Sie, ich auch nicht.« Verstehen Sie

mich nicht falsch. Ich möchte Sie nicht zur Unhöflichkeit erziehen oder dazu, andere Menschen vor den Kopf zu stoßen. Aber es gibt Situationen, in denen kommen Sie als liebes, nettes, gutes Mädchen nicht weit.

DIE GUTEN ALTEN FREUNDE – ÄH, FEINDE

Annika ist zu ihrem zwanzigjährigen Abi-Treffen eingeladen. Eigentlich freut sie sich aufrichtig, ihre alten Schulfreunde wiederzusehen. Wenn da nur nicht diese paar Mädels von damals wären, auf die sie überhaupt keine Lust hat. Diese Mädchenclique, die schon vor zwanzig Jahren einfach nur hohl und oberflächlich war und in deren Gegenwart sie sich ad hoc fünf Köpfe kleiner gefühlt hat.

»Jetzt sag mir nicht, du willst da nicht hingehen, nur wegen dieser Tussen. Du weißt doch gar nicht, ob sie kommen oder ob sie sich nicht mittlerweile geändert haben«, redet ihre Freundin auf sie ein.

»Solche Frauen ändern sich nie. Nicht nach hundert Jahren. Du kannst dir ja nicht vorstellen, wie die mich fertiggemacht haben.«

»Ach, so schlimm wird es schon nicht gewesen sein.«

»Britta, die haben mir gesagt, dass Kai, der coolste Junge der Stufe, voll auf mich steht und sich von ganzem Herzen eine öffentliche Liebeserklärung von mir wünscht.«

Britta kann nichts dafür, sie muss lachen. »Jetzt sag mir bitte nicht …«

»Doch. Na klar. Jedes Mädchen hätte alles für Kai gemacht. Und so habe ich mich mitten auf dem Schulhof vor allen zum Affen gemacht.«

»Okay, mag sein – das waren Tussen und das sind Tussen. Aber Annika, du bist 39 Jahre alt und du bist eine erfolgreiche Physikerin und wenn ich dich daran erinnern darf: Du bist eine Frau Doktor. Geh hin und zeig es allen.«

»Ich weiß nicht. Ich habe auch bestimmt 15 Kilo mehr als damals ...«

Brittas Versuche, Annika zu ermutigen, reichen zumindest so weit, dass sie sich überwindet, hinzugehen. Vorher geht sie noch shoppen, kleidet sich neu ein und gönnt sich einen tollen Haarschnitt beim coolsten Friseur der Stadt. Kurz bevor sie das Haus verlässt, zweifelt sie noch an ihrer Entscheidung: »Ob das wohl so richtig ist?«

An der Schule angekommen, trifft sie auf lauter nette Menschen. Die Stimmung ist gut und ausgelassen und man lacht gemeinsam über die gute alte Zeit.

»Haaalloooo, Annika«, ertönt die Stimme von Angelique – eins der Mädels der besagten Clique. »Ich hätte ja nicht gedacht, dass du kommst.«

Annika spürt sofort dieses unwohle Gefühl, genauso wie vor zwanzig Jahren.

»Hallo, Angelique. Na, sicher komme ich. So was lasse ich mir doch nicht entgehen«, gibt sie betont lässig zurück.

»Darf ich dir meinen Mann Dr. Schneider vorstellen?«

»Sehr erfreut.« Der Herr Dr. reicht Annika die Hand. »Angelique, Liebes, das ist aber nicht die Annika, von der du mir das Foto gezeigt hast, oder? Die war doch recht hübsch und vor allem«, er macht eine kurze Pause und checkt sie ab, »schlank.«

Annika wird knallrot im Gesicht und wippt von einem Bein auf das andere.

»Doch, doch, mein Liebster, das ist sie.« Dann wendet Angelique sich an Annika. »Hast du deinen Mann auch mitgebracht?«

»Ich bin Single. Ich habe gar keine Zeit für einen Mann, weil ich ...«

»Oh je. Mit 39 noch Single. Sag bloß, du trauerst immer noch Kai hinterher?« Angelique findet sich sehr lustig, der dressierte Wauwau an ihrer Seite auch.

Annika fällt gar nichts mehr ein. Sie ringt nicht nur nach Worten, sondern vor allem nach Luft. Wäre sie doch bloß nicht gekommen.

Angelique und der werte Herr Dr. ziehen weiter ihre Runde und wünschen ihr im Gehen noch einen ganz zauberhaften Abend.

Was glauben Sie, wie es Annika jetzt geht? Sie ist gedemütigt und am Boden zerstört. Nicht nur der Abend ist dahin. Vermutlich wird sie die nächsten Tage arg an dieser Begegnung zu knabbern haben.

Werfen wir einen Blick auf Annika. Glauben Sie, dass sie sich liebt? Glauben Sie, sie weiß, was sie in ihrem Leben alles erreicht hat?

Nein. Das weiß sie nicht, denn Frauen wie Annika bedienen nicht die Ansprüche, die unsere Gesellschaft an uns Frauen hat. Zwar leben wir in einem freien Land und vorgeblich kann jeder das machen, was er will, aber dabei haben wir dennoch in ein bestimmtes Muster zu passen.

Annika entspricht keinem Muster. Zunächst einmal ist sie Single. Und das auch noch mit 39! Drama, Baby, Drama!

Außerdem ist Annika kinderlos. Und schlimmer noch, sie verspürt gar keinen Wunsch nach Kindern. Wenn sie jetzt wenigstens den ganzen Tag über ihre Kinderlosigkeit trauern würde, wäre es ja okay, aber nein, Annika ist auch noch zufrieden mit sich. Denn sie hat ihren Traumjob ergriffen und ist darin so erfolgreich wie sonst kaum eine andere Frau. Relativ schnell nach dem Studium hat sie promoviert und arbeitet als eine der angesehensten Physikerinnen im Land.

Trotzdem, oder gerade deswegen, wird sie von der Gesellschaft nicht als vollwertige Frau gesehen. Wo bitte ist der Mann? Das Haus? Die Zwillinge und der Golden Retriever, die sie doch gefälligst braucht, um glücklich zu sein?

Frauen wie Annika fallen durch unser Raster. Sie finden ihre Anerkennung im Beruf, nicht aber im medialen oder gesellschaftlichen Bereich. Dadurch wird ihr Selbstbild niemals so sein, wie es sein könnte. Annika ist kein Supermodel, das von allen Seiten beklatscht wird. Sie arbeitet im Stillen, muss sich häufig gegen ihre männlichen Kollegen durchsetzen und legt auf Dinge wie Nagellack oder Haute Couture keinen Wert. Da ihr aber niemand sagt, dass ihre Art zu leben richtig und gut ist, ist sie tief in ihrem Herzen unsicher. Im Vergleich zu anderen, gleichaltrigen Frauen fühlt sich ihr »Way of Life« falsch an. Sobald Annika auf Geschlechtsgenossinnen wie Angelique trifft, spürt sie diese Unsicherheit mehr als deutlich.

Ich kann weder mit diesem Buch noch mit diesem Kapitel unsere Gesellschaft wachrütteln oder ändern, aber es ist mir ein inneres Bedürfnis, allen Annikas auf der Welt zu sagen: »Ja! Es ist richtig!«

Ob ihr nun Frau Doktor oder Professor, »nur« Hausfrau oder Geschäftsfrau seid, ob ihr kinderlos seid oder eine Fußballmannschaft habt, ob ihr Frauen oder Männer liebt, ob ihr Brüste oder keine habt, ob ihr eine Glatze oder Extensions tragt, ob ihr laktosefrei lebt oder »vegan« für eine Krankheit haltet, ihr seid genauso »richtig« Frau wie jede andere, die scheinbar besser in irgendeine vorgepresste Form passt.

Da wir nicht warten können, bis die Welt wach wird, müssen wir bei uns selbst anfangen und unser eigenes Selbstbewusstsein aufbauen.

Nur mal angenommen, Annika wüsste, welch zauberhaftes Wesen sie ist – die Geschichte würde vielleicht so laufen:

»Britta, hab ich dir schon erzählt, dass ich zum Klassentreffen eingeladen bin?«

»Nee, ach, das ist ja toll. Gehst du hin?«

»Na, sicher geh ich hin.«

»Hattest du mir nicht mal von so ein paar blöden Mädels erzählt, die dich fertiggemacht haben?«

»Ja, das stimmt. Da habe ich damals auch echt drunter gelitten. Ich hoffe, die sind an dem Abend auch da. Schauen wir doch mal, wer heute die Nase vorn hat.«

Auf dem Klassentreffen: Angelique können wir nicht ändern, daher entgegnet sie ihr wie vorhin:

»Haaallooo, Annika. Ich hätte ja nicht gedacht, dass du kommst.«

»Hallo, Angelique. *Dr.* Annika bitte, wenn es dir nichts ausmacht. Wie schön, dich zu sehen. Wie geht es dir denn so?«

»Blendend! Darf ich dir meinen Mann *Dr.* Schneider vorstellen?«

»Ach, witzig. Während du dir nur einen Dr. geangelt hast, habe ich selbst einen gemacht.«

An dieser Stelle dürfte sich das Gespräch wandeln. Eigentlich würde der Herr Dr. Schneider einer »Kollegin« nicht so etwas sagen wie in unserem Beispiel oben. Aber wir gehen vom schlimmsten Fall aus, dass er es doch tut.

»Sehr erfreut.« Der Herr Dr. reicht ihr die Hand.

Angelique setzt nach: »Liebster, ich hab dir doch das Foto gezeigt. Aber darauf war sie noch recht hübsch und vor allem«, sie macht eine kurze Pause und checkt Annika ab, »schlank.«

»Wie schön, ihr habt euch alte Fotos angeguckt? Haben Sie auch das Foto von Ihrer Liebsten gesehen, wie man sie in flagranti mit ihrem Lehrer erwischt hat?«, könnte sich Annika an den Herrn Dr. Schneider wenden.

Wenn Sie es nicht ganz so böse mögen, geht auch: »Oh, ich glaube, da verwechselst du mich. Mir war das Äußere noch nie so wichtig wie« – und dabei checken Sie Madame ab – »na ja, wie so manch anderen. Du weißt doch, gut aussehen muss nur, wer sonst nix kann. Nicht wahr, Angelique?«

Wenn sich die Gute noch mal berappelt, und das wage ich zu bezweifeln, versucht sie einen letzten Schlag:

»Hast du deinen Mann auch mitgebracht?«

»Nö.«

»Oh je. Mit 39 noch Single. Sag bloß, du trauerst immer noch Kai hinterher?«

»Bitte, wer ist Kai?«

Geben Sie es zu. Sie gratulieren Annika gerade innerlich. Wir können Frauen wie der klischeebeladenen Angelique nicht die Schuld an unserem falschen Selbstbild geben. Ich möchte Ihnen nur einen Erklärungsansatz liefern, warum wir manchmal so unsicher mit uns selbst sind, und dass es dafür überhaupt keinen Grund gibt.

MONEY, MONEY, MONEY

An dieser Stelle, meine Damen, sollten wir uns diesem wichtigen Thema widmen. Sie alle wissen, dass wir Frauen immer noch nicht gerecht entlohnt werden, obwohl wir die gleiche Arbeit wie ein Mann leisten.

Seit einiger Zeit bin ich Fördermitglied der BPW (Business and Professional Women), weil ich die Idee, dass wir Frauen uns vernetzen und uns gegenseitig unterstützen, einfach gut finde. Henrike von Platen ist Unternehmensberaterin und seit 2010 die Präsidentin der BPW Germany. Sie engagiert sich für den sogenannten *Equal Pay Day*. Ich habe sie als Expertin gefragt, was ihrer Meinung nach die Gründe für diese Ungerechtigkeit sind.

Liebe Henrike, wie sind zurzeit die exakten Zahlen? Wie viel verdienen wir weniger als unsere männlichen Kollegen?

»Die Lohnlücke liegt in Deutschland zurzeit bei 21,6 Prozent. Der *Equal Pay Day* veranschaulicht an einem Datum diese Lücke zwischen Männern und Frauen. 21,6 Prozent von 365 Tagen ergeben 79 Tage. So markiert der *Equal Pay Day* den Tag, bis zu dem Frauen am Jahresanfang umsonst arbeiten, während Männer schon ab dem 1.1. bezahlt werden.«

Du willst mir sagen, dass Frauen 79 Tage im Jahr umsonst arbeiten? Wie motivierend! Was glaubst Du ganz persönlich, woran das liegt?

»Im Wesentlichen sind es drei Punkte, die sich in vielen Studien als besonders prägend herausstellen. Frauen fehlen in bestimmten Berufen, Branchen und auf den höheren Stufen der Karriereleiter. Frauen unterbrechen oder reduzieren ihre Erwerbstätigkeit häufiger und länger familienbedingt als Männer. Die typisch weiblichen Biografiemuster, sprich Babypause oder auch die Pflege eines Familienmitglieds, wirken sich leider negativ bei der Lohn- und Einkommensentwicklung im Lebenslauf aus.

Individuelle und kollektive Lohnverhandlungen sind gekennzeichnet von Asymmetrien und Interessenskonstellationen, die der Durchsetzung gleicher Löhne für gleichwertige Arbeit von Frauen und Männern und dem Abbau der Entgeltlücke keine günstigen Voraussetzungen schaffen. Die Überwindung der traditionell schlechteren Bewertung und der prekären Ausgestaltung von Tätigkeiten und Berufen, die als Frauenberufe gelten oder überwiegend von Frauen ausgeübt werden, konnte unter diesen Umständen bislang nicht nachhaltig gelingen.«

Liebe Henrike, ich versuche das mal für mich zu übersetzen: Das Problem ist also, dass wir Frauen im Leben mehr als nur eine Rolle haben. Wir sind nicht nur die »normalen« Arbeitskräfte, sondern eben auch Mama oder pflegende Tochter. Dazu kommt, dass diese »klassischen Frauenberufe« häufig im sozialen Bereich liegen und die schlecht bezahlt werden ...

Wer ist denn Deiner Meinung nach am Zug? Die Frauen oder die Politik?

»In Sachen Entgeltungleichheit scheint alles mit allem zusammenzuhängen, aber diese Ursachenvielfalt darf nicht entmutigen. Auch kann nicht eine Gruppe allein das Thema bewältigen. Meiner persönlichen Ansicht nach ist die schwerste Hürde, die wir meistern müssen, die Veränderung der Rollenmuster in unseren Köpfen. Männer wie Frauen müssen hier gemeinsam die Veränderung herbeiführen. Gesetze für Lohngerechtigkeit sind in Arbeit, aber diese werden nur funktionieren, wenn die Gesellschaft als Ganzes sie auch lebt. Wir sind alle gefragt, auf den Zug zu springen, und können nicht die Verantwortung auf die eine oder andere Gruppe abwälzen. Männer und Frauen müssen die Veränderung wollen, die Politik die Rahmenbedingungen schaffen und die Medien die Bilder verändern, die uns alle so sehr prägen. Ich möchte die Normalität erleben, in der Frauen selbstverständlich Unternehmen leiten und Männer ihre Kinder in die Kita bringen oder ihre Eltern pflegen. Niemand wird belächelt, sondern im Miteinander leben wir gleichberechtigt und selbstbewusst. Chancengleichheit erleben heißt auch Verantwortung übernehmen für meine Entscheidungen. Dass jeder und jede die Möglichkeit hat, alle Entscheidungen zu treffen, das ist ein Ziel, für das ich mich einsetze.«

So, meine Damen, Sie haben es gehört. Es liegt auch und vor allem an uns, diese Ungerechtigkeit auszuhebeln.

Wenn Sie mit Ihrem Chef oder Ihrer Chefin in Gehaltsverhandlungen gehen, ist Schlagfertigkeit essenziell notwendig.

Solche Gespräche machen uns Frauen nervös. Ein Großteil von uns zeichnet sich (leider) durch zu viel Bescheidenheit und Zurückhaltung aus. Und häufig reden wir uns unser schlechtes Gehalt selbst schön mit Glaubenssätzen wie: »Aber die Arbeit macht ja so viel Spaß und die Kollegen sind ja nett.«

Als ob das eine mit dem anderen irgendetwas zu tun hätte.

»HEY BOSS, ICH BRAUCH MEHR GELD!«
Silvia arbeitet seit vier Jahren in einem mittelständischen Unternehmen. Sie hat noch keine Kinder und arbeitet auf einer Vollzeitstelle. Ihre vierzig Stunden verbringt sie in der Marketingabteilung und ist für die Werbeplanung tätig. In dieser Abteilung arbeiten noch drei weitere männliche Kollegen. Bei der Weihnachtsfeier letzte Woche haben die Kollegen sich, unter dem Einfluss von Rotwein, verplappert und Silvia weiß jetzt, dass sie fast vierhundert Euro brutto im Monat weniger verdient als ihre männlichen Kollegen. Sie ist schon lange mit ihrem Gehalt unzufrieden. In den vier Jahren bekam sie einmal eine Gehaltserhöhung von 120 Euro. Die kam im Prinzip von allein, weil eben alle mehr bekamen.

Silvia ist in ihrer Abteilung das »fleißige« Bienchen, hat aber irgendwie das Gefühl, dass die Lorbeeren dafür ihre Kollegen ernten. Und das ärgert sie. Obwohl sie genau weiß, dass nur sie selbst etwas daran ändern kann. Sie drückt sich um Präsentationen, bereitet aber alle fast ganz allein vor. In Kundenterminen fällt es ihr schwer, das Wort an sich zu reißen, obwohl sie die gesamte Konzeption hierfür eigentlich allein macht. Das Präsentieren übernehmen aber dann die Herren.

»Heute rede ich mit meinem Chef. Heute ist Schluss«, sagt sie an einem Morgen zu sich selbst in den Spiegel. »Vierhundert Euro bekommen die drei Männer mehr als ich, ich glaube, ich spinne«, redet sie sich selbst Mut zu.

Dass sie davon Wind bekommen hat, darf sie ihrem Chef natürlich nicht sagen. Sie weiß zwar auch noch nicht, wie sie vorgehen soll, aber sie hat das Gefühl, dass sie kurz vorm Platzen ist.

»Herr Meier, haben Sie ein paar Minuten Zeit für mich?«, fragt sie ihren Chef unmittelbar, nachdem sie das Büro betreten hat.

»Jetzt sofort?«

»Ja.«

»Na, dann kommen Sie mal rein.« Nach kurzem Vorgeplänkel fragt der Chef: »Wo drückt denn der Schuh?«

Silvia hat schon im Small Talk ein bisschen der Mut verlassen. Der Chef ist immer so nett zu ihr und sie mag ihn wirklich.

»Ja, also ich wollte mal fragen, ob es möglich wäre, etwas mehr Geld zu bekommen?«

»Aha. Warum?«, fragt der Chef leicht irritiert.

»Nun ja, ich bin ja schon so lange hier und die letzte Erhöhung ist ja auch schon eine Zeit her ...«, sagt sie recht leise mit dem Blick nach unten gewandt.

»Frau Schneider, Sie wissen, ich schätze Sie sehr, aber ich bin wirklich verwundert, dass Sie gerade jetzt damit kommen. Sie wissen doch, dass das letzte Jahr nicht gut gelaufen ist.«

»Ja, natürlich, aber ...«

»Und Sie haben auch mitbekommen, dass wir ein paar Mitarbeiter entlassen mussten.«

»Ja, aber das war ja in einer anderen Abteilung. Ich dachte ja auch nur, weil ...«

»Wissen Sie, Frau Schneider, ganz ehrlich, das bekomme ich gar nicht durch. Auch ich muss mich ja rechtfertigen und wenn ich ehrlich sein darf, wir sehen Sie weder in Präsentationen noch beim Kunden in einer, nennen wir sie mal ›führenden‹ Position ... Das macht es mir nicht gerade leicht, Sie einzuschätzen.«

Stille. Das Gespräch hat sich um 180 Grad gewendet. Von möchtegern-knallharter Gehaltsverhandlung ist es zu einem »Ich-muss-mich-rechtfertigen«-Gespräch geworden. Ganz gefährlich. Denn während sich Silvia heute Morgen noch sicher war, mehr Geld zu verdienen, zittert sie jetzt gerade um ihren Job.

Das Gespräch geht so zu Ende, dass der Chef meint, er überlege sich was und käme wieder auf sie zu. Nach drei Wochen bietet er ihr dann 130 Euro mehr an.

Gratulation. Jetzt liegt sie ja nur noch 270 Euro unter dem Gehalt ihrer Kollegen. Dem Chef ist das egal. Er hat a) Geld gespart, b) seine Mitarbeiterin verunsichert, ihr sogar noch suggeriert, sie müsse bessere Arbeit leisten, und hat c) seine Ruhe. So schnell wird Silvia nämlich nicht mehr zu ihm kommen.

Silvia muss sich ihr Scheitern selbst schönreden. Das können wir Frauen hervorragend. Sie wird sich oder ihrem Freund sagen: »Ja, weißt du, bei uns wurden ja sogar noch Leute gekündigt, da bin ich mit der Erhöhung mehr als zufrieden.«

Was genau ist mit Silvia passiert?

Wie schon so oft in unseren Beispielen hat sie ein falsches Selbstbild. Und: auch Silvia bleibt am heutigen Tag, wie schon seit Jahren, unter ihren Möglichkeiten.

Wenn Sie zukünftig genauso viel verdienen wollen wie ihre dreibeinigen Kollegen, dann setzen Sie früher an. Seien Sie bitte nicht »nur« das fleißige Bienchen. Bereiten Sie Präsentationen nicht nur vor, sondern halten Sie sie selbst. Zeigen Sie, was Sie können! Dann kann Ihr Chef Ihnen auch nicht vorwerfen, dass Sie nicht gesehen werden.

Aber selbst wenn das nicht Ihr Ding ist, können Sie zukünftig besser vorbereitet in solche Gespräche gehen. Überlegen Sie sich genau, warum Sie für die Firma ein unverzichtbarer Gewinn sind und warum Sie *jetzt* und *heute* eine Gehaltserhöhung verdient haben.

Dazu kommt: Achten Sie bitte auf Ihre Körperhaltung, Stimme und Blickkontakt (Kapitel 14): Brust raus, Kopf gerade, Schutzschild hoch und rein zum Chef! Wieder gilt: Den Chef bekommen wir nicht geändert, aber ...

»Herr Meier, haben Sie ein paar Minuten Zeit für mich?«
»Jetzt sofort?«
»Ja.«
»Na, dann kommen Sie mal rein. Wo drückt denn der Schuh?«
»Herr Meier, wahrscheinlich können Sie sich schon denken, worum es geht. Es ist an der Zeit, dass sich meine wirklich gute Arbeit in meinem Gehalt widerspiegelt.«

Weg mit den Konjunktiven: hätte, könnte, vielleicht ...

»Aha. Warum?«, fragt der Chef leicht irritiert.

»Nun ja, ich bin hier seit vier Jahren beschäftigt, kenne die Kunden, die Abläufe, ich arbeite zuverlässig, schnell und ich bin absolut verbindlich. Meine Arbeit liegt mir am Herzen und macht mir Spaß. Noch mehr Spaß macht sie mir, wenn die Entlohnung dementsprechend passend ist.«

Blickkontakt halten, Kopf gerade! Denken Sie an die Halsschlagader! Stimme fest und nicht piepsig.

»Frau Schneider, Sie wissen, ich schätze Sie sehr, aber ich bin wirklich verwundert, dass Sie gerade jetzt damit kommen. Sie wissen doch, dass das letzte Jahr nicht gut gelaufen ist.«

»Ja, Herr Schneider, da gebe ich Ihnen recht. Das Unternehmen hatte bestimmt schon bessere Jahre. Aber Sie geben mir bestimmt auch recht, dass weder unsere Abteilung noch meine ganz persönliche Arbeit damit etwas zu tun haben.«

Haben Sie im Hinterkopf: Die männlichen Kollegen verdienen alle mehr und Sie sind keine Bittstellerin.

»Da mögen Sie recht haben. Fakt ist aber, dass wir ein paar Kollegen entlassen mussten.«

Das hat aber nur bedingt etwas mit Ihrer Forderung zu tun ... daher können Sie es einfach nur zur Kenntnis nehmen.

»Ja, das tut mir auch sehr leid für die Kollegen.«

»Wissen Sie, Frau Schneider, ganz ehrlich, das bekomme ich gar nicht durch. Auch ich muss mich ja rechtfertigen und wenn ich ehrlich sein darf, wir sehen Sie weder in Präsentationen oder beim Kunden ... Das macht es mir nicht gerade leicht, Sie einzuschätzen.«

»Lieber Herr Meier, wir kennen uns seit vielen Jahren und Sie sind ein guter Chef, der seine Mitarbeiter sehr gut einschätzen kann. Ja, ich bin vielleicht nicht die, die sich gern in den Vordergrund spielt. Dafür bin ich die, die hinter den Kulissen alles am Laufen hält und ohne die Sie hier eine nicht halb so gut funktionierende Abteilung hätten. Sie wissen das und ich weiß das. Meine Vorstellung liegt bei 450 Euro mehr im Monat. Da Sie das ja auch absprechen müssen, würde ich vorschlagen, wir vereinbaren einen Termin für nächsten Dienstag. Wann passt es Ihnen besser? Vor- oder Nachmittag?«

Boom. Hier gehen wir weit über die bloße Schlagfertigkeit hinaus. Hier sind wir beim Thema Selbstmarketing und Gesprächsführung.

Und alles, aber wirklich alles hängt vom richtigen Selbstbild und auch der Vorbereitung ab. Silvia hat ihrem Chef stets recht gegeben und darauf aufgebaut. Sie wusste, was sie kann und was sie will. Sie hat ihre Forderung etwas höher angesetzt, damit sie einen kleinen Puffer hat.

»Gute Mädchen kommen in den Himmel,
böse überall hin!«
Redensart

EVERYBODY'S DARLING

Wenn Sie in Gehaltsverhandlungen gehen oder überhaupt in Gespräche, in denen es darum geht, *Ihre* Interessen durchzusetzen, sollten Sie eine Sache ablegen: Sie können (und wollen?) nicht jedem gefallen. Sie können, wenn Sie schlagfertig sein wollen, eben nicht Everybody's Darling sein.

Es gibt zig Berichte, Studien und Erhebungen, die belegen, dass gerade Männer selbstbewusste Frauen wollen. All diese Veröffentlichungen wollen dazu ermutigen, stark und forsch zu sein – und warum? Doch nur, um wieder Männern zu gefallen. Meiner Meinung nach der falsche Ansatz. Kann es nicht auch mal nur um uns gehen? Damit wir uns selbst mögen und es dabei nicht um Männer geht? Wenn wir immer nur bedacht sind, unserem Freund, Mann oder Chef zu gefallen, können wir nicht authentisch, sprich aus uns selbst heraus, handeln und stellen ständig unsere eigenen Wünsche in den Hintergrund.

Bevor Sie also in Zukunft in knifflige Gespräche gehen, wechseln Sie bitte die Fragestellung.

Von: »Was kann ich tun, um ihm zu gefallen?«

Hin zu: »Was kann ich tun, um meine Forderung durchzubekommen?«

KINDERMUND ...

Wenn Sie denken, dass die Schwiegermutter oder die Kollegin gehässig ist, kann ich Ihnen nur sagen: Hüten Sie sich vor den Kindern! Es kommt selten vor, dass ich sprachlos bin – wirklich! Aber wenn, dann meist immer bei Kindern. In ihren Äußerungen liegen so viel Witz und (leider auch) Wahrheit, dass ich nicht weiß, was ich darauf antworten soll.

Ich war mit meinen Kindern nach der abgeschlossenen Brustkrebsbehandlung zu einer dreiwöchigen Kur. Am allerersten Tag, ich hatte irgendeine Wassergymnastik, stand ich mit anderen Damen und deren Kindern im Schwimmbad in der Umkleidekabine (mit meinem neuen Badeanzug!). Ein wirklich sehr unsympathisches, freches und schlecht erzogenes Kind stand vor mir, starrte mich an und zeigte mit folgenden Worten auf meinen Bauch: »Hast du da ein Baby drin?«

Was sagt man da, wenn man die darauffolgenden Wochen noch zusammen verbringen muss? Die Mutter des Blondschopfes hatte vom Umfang her so circa das Doppelte von meinem und daher konnte ich mir die Bemerkung »Na Schatz, wenn ich hier ein Baby drin habe, dann hat deine Mama aber zehn in ihrem Bauch« nicht verkneifen. Gelacht hat keiner. Nur ich. Innerlich.

Eines Nachmittags habe ich meinen Sohn Max gebeten, seine überall verteilten Schoko-Bons-Papiere doch bitte aufzuheben. Er guckte mich wirklich freundlich an und meinte in einem ganz harmlosen Tonfall: »Mama, mach du das doch bitte. Vielleicht wird dein Popo davon ja auch etwas dünner.«

Eine Facebook-Freundin berichtete mir: »Das letzte Mal, dass ich sprachlos war, habe ich meiner Tochter zu verdanken. Wir haben ein Freundebuch von ihr ausgefüllt und kamen zu der Frage: ›Was möchtest du mal werden?‹

Die Antwort meiner Tochter kam spontan und schnell: ›Nichts, Mama. Genauso wie du.‹ Ich wusste nicht, ob ich lachen oder weinen sollte. Zumal ich genau in dieser Situation den Laptop offen hatte, um zu arbeiten, das Essen auf dem Herd stand und ich ein f****** Freundebuch ausgefüllt habe!«

Eine weitere Freundin berichtete mir: »Meine Tochter (9) wollte neulich von mir wissen, ob sie meinen Thermomix bekommt, wenn ich bald tot bin.«

Ja, meine Damen, da habe ich auch keine Antwort drauf. Kindermund tut Wahrheit kund, heißt es. Und die Prügelstrafe wurde ja vor langer Zeit abgeschafft. Warum eigentlich ...? *(Spaß!)*

Fakt ist aber, dass wir uns von den Kindern viel abgucken können. Denn sie punkten durch ihre schonungslose Ehrlichkeit. Für Kinder ist »ehrlich« sein auch kein Strafbestand, sondern ein Feststellen von Tatsachen. Oftmals verstecken sich auch Komplimente dahinter. Zumindest musste ich mir das einreden, als mein Sohn eines Tages zur mir sagte:

»Mama, alle Frauen, die mal ein Baby im Bauch hatten, haben doch so einen schwabbeligen Bauch wie du, oder?« (Ich habe lange überlegt, ob es für »schwabbelig« ein Synonym gibt. Leider nicht.)

Binnen Sekunden musste ich mich entscheiden, ob ich dem Kind die bittere Wahrheit sage oder es mit einer Ausrede versuche. Ich entschied mich für Ersteres.

»Nein. Viele Frauen haben einen ganz flachen Bauch, obwohl da ein Baby drin war.«

»Ach, Mama«, sagte er ernsthaft erleichtert. »Wie gut, dass das bei dir niemals sein wird.«

Da war die Schlagfertigkeitsqueen mehr als sprachlos.

MEINE ERFAHRUNG MIT FRAUEN

Natürlich, Sie lesen hier ein Buch über Schlagfertigkeit und nicht über Frauenfreundschaften. Logischerweise widmen wir uns daher hauptsächlich den nicht so schönen Begegnungen. Nichtsdestotrotz möchte ich an dieser Stelle erwähnen, dass meine ganz eigene Erfahrung mit Frauen im letzten Jahr eine völlig andere war.

Durch meine Brustkrebserkrankung lernte ich auf einen Schlag sehr viele Betroffene und deren Angehörige kennen. Frauen, die gemeinsam das gleiche Schicksal teilen, sind (bis auf ganz wenige Ausnahmen) untereinander sehr offen und aufrichtig. Hier gibt es keine gespaltene Zunge oder subtile Bemerkungen. Hier legt man seine Gefühle offen dar und wünscht jeder Frau von Herzen nur das Beste.

»Du siehst toll aus«, ist ehrlich und authentisch gemeint, wenn man die ersten neu gewachsenen Haare auf dem Kopf entdeckt. Neid oder Gehässigkeiten kennt man in diesem Rahmen nicht. Unperfekt, das wissen wir Betroffenen alle, ist normal und gut so. Und dass Schönheit rein gar nichts mit Haaren und Brüsten zu tun hat, muss man den Frauen im Brustzentrum nicht sagen. Wir wissen das.

In diesem geschützten Umfeld werden die Frauen nach ihren Worten, Taten und Empathie beurteilt. Hier geht es nicht um den besten Job, das größte Haus oder die begabtesten Kinder.

Ich habe ein halbes Jahr fast wöchentlich mit den gleichen Damen fünf Stunden zusammengesessen. Wir kannten gegenseitig unsere Diagnosen, unsere Ängste, Träume und Nebenwirkungen. Wir wussten nichts über die Jobs der anderen oder ihre letzten Urlaube. Wir wussten nichts über den sogenannten gesellschaftlichen Status, weil er in der letzten Konsequenz wirklich schnuppe ist.

Vielleicht liegt es an dieser Erfahrung, dass ich persönlich nur noch mit solchen Menschen befreundet sein will. Mit Menschen, die nicht anfangen zu tuscheln, wenn ich den Raum verlasse. Die mir ehrlich ins Gesicht sagen, wenn sie mit mir ein Problem haben. Mit Menschen, denen das Wort Neid fremd ist und die jeden Jeck anders Jeck sein lassen.

Weil ich weiß, dass es anders geht. Aber ich frage mich: Muss man dafür erst Brustkrebs bekommen? Wir sind doch alles Mädels und sollten von Natur aus schon loyal und verbunden sein. Kann das nicht die Norm sein? Statt sich gegenseitig das Leben schwer zu machen, einfach die Hand reichen.

Für die Gesellschaft ist es im Übrigen egal, wie sie sich als Frau verhalten: Es findet sich immer jemand, dem es nicht passt. Aber sind wir denn nicht alle Teil dieser Gesellschaft und damit mündig, dies zu ändern?

Sehr häufig höre ich von Frauen: »Wo sind wir denn gleichberechtigt?«, oder: »Gute Positionen sind für Frauen doch begrenzt.« Sorry, aber die Frage ist doch, bei wem hier der Ball liegt? Natürlich können wir uns zurücklehnen und sagen: Die Bösen da draußen, die bezahlen uns nicht gut genug und überhaupt ... Oder aber wir gehen selbst raus und packen das, was *wir* möchten, bei den Hörnern und holen es uns. Ich habe lange überlegt, ob ich das so schreiben darf, aber ich finde, es muss auch mal gesagt werden. Es gehören immer zwei Parteien dazu: die einen, die schlecht bezahlen, und die anderen, die sich schlecht bezahlen lassen.

Wie kann es sein, dass es unter Frauen immer noch diese Lager gibt: berufstätige Mutter gegen die »Nur«-Hausfrau, die naturbelassenen gegen die aufgepumpten, die ambitionierte Köchin gegen die Mikrowellen-Frau?

Kann es hier nicht eine friedliche Koexistenz geben? Denn wenn man genau hinguckt, dann steckt erstens in jeder von uns auch ein kleines Stück des Gegenübers und zweitens kann man doch Menschen uneingeschränkt respektieren und akzeptieren, obwohl sie in gewissen Dingen eine andere Meinung haben.

Bei der Chemotherapie gesteht man sich das im Übrigen zu. Hier entwickelt jede Frau ihre eigenen Mittel und Möglichkeiten, mit der gestellten Aufgabe umzugehen. Die Frauen dieser »Lager« helfen sich gegenseitig und machen sich nicht fertig. Während die eine viel laufen geht, liegt die andere den ganzen Tag im Bett. Während sich die eine stets chic macht mit Perücke und Make-up, mag die andere sich gerade mal eine Mütze überziehen. Alles okay. Keine Unter-der-Gürtellinie-Bemerkung.

Nicht hier, in diesem geschützten Raum. Blöde Bemerkungen, die man sich als glatzköpfige Frau anhören muss, erwarten einen erst draußen in der »normalen« Welt.

Das ist doch eigentlich doof.

Ich nehme mich davon gar nicht aus. Auch ich bin – oder nein, ich war – eine zutiefst vorurteilsbelastete Frau. Viel zu schnell habe ich über Menschen geurteilt und ihnen einen Stempel aufgedrückt, weil sie nicht meinem Idealbild entsprochen haben. Wie ignorant von mir!

Heute weiß ich, dass jeder Mensch sein Paket zu tragen hat und die meisten (intelligenten) Menschen Dinge aus bestimmten Gründen tun. Da habe ich doch kein Recht, ein Urteil zu fällen.

Aber eines muss an dieser Stelle auch mal gesagt sein: Die Menschen, die das größte und schwerste Paket zu tragen haben, sind meist die, denen man's nicht ansieht. Sie gehen aufrecht durchs Leben und wollen nicht bemitleidet werden. Und die Menschen, die kein Paket haben, die suchen sich eins. So lange, bis sie eins gefunden haben, und wenn es das schwüle Wetter ist ...

WARUM UNS DAS SCHEITERN SO LANGE BESCHÄFTIGT

Wir sind sprachlich so viel besser aufgestellt, trauen uns aber einfach zu wenig zu!

Neulich erreichte mich folgende Mail einer Dame:

»Ich war sprachlos, als mir meine letzte Chefin beim Abschlussgespräch (mein Volontariat war vorbei) sagte, sie hätte oft das Gefühl gehabt, ich wäre nicht immer ganz bei der Sache gewesen, im Kopf woanders, was vielleicht nun mal so wäre mit Kindern. Ich war baff und hab mich dann irgendwie verteidigt und ihr auch widersprochen, vermutlich nur schwach, denn ganz ehrlich, dieser Vorwurf macht mich jetzt immer noch sprachlos. Da ich bei der Arbeit immer so was von bei der Arbeit war und nie ein Problem damit hatte, mein Privatleben mit Kindern von meiner Arbeit zu trennen – ich habe mich ja bewusst für die Berufstätigkeit entschieden, statt mit Kleinkind zu Hause zu sein! Ich hab mir quasi den Arsch aufgerissen, in Vollzeit, alleinerziehend, und sie unterstellt mir so was meiner Meinung nach völlig Unberechtigtes!«

Diese Situation lag Jahre zurück und am Schreibstil der Dame merken Sie, dass sie daran immer noch knabbert. Weil sie nicht adäquat geantwortet hat. Weil sie sich ihre Souveränität hat wegnehmen lassen und sie verbal »gescheitert« ist. Sie können die Chefin nicht Jahre später anrufen mit den Worten: »Was ich Ihnen übrigens noch sagen wollte ...«

Niemand »scheitert« gern. Dennoch gehört es zum Leben dazu. Die Kunst des Scheiterns besteht ganz einfach im Wiederaufstehen.

Der Punkt ist nur, dass uns verbale Demütigungen sehr lange beschäftigen. Ich kenne kaum eine Frau, mich eingeschlossen, der nicht ad hoc eine Begebenheit einfällt, in der sie sprachlos und damit hilflos war. Damit sind wir bei dem schon so oft angesprochenen Punkt: Was macht das mit Ihnen?

Im Allgemeinen macht es Ihnen ein schlechtes Gefühl. Sprachlosigkeit verursacht Risse im Selbstbewusstsein und im Selbstbild. Es dauert lange, bis das wieder gekittet ist. Ein bisschen wie in der Werbung. Für eine schlechte Nachricht bedarf es sieben positiver PR-Nachrichten, bis der Verbraucher wieder ein gutes Bild von der Marke hat.

So ist das auch bei uns. Wird uns als Kind über Jahre eingetrichtert, dass wir minderwertig sind, und uns nichts zugetraut, dann haben wir es später als Erwachsene mit Sicherheit schwieriger im Leben. Das bedeutet aber wiederum nicht, dass wir uns darauf ausruhen können, sollen, müssen und dürfen. Leider interessiert das nämlich im späteren Leben niemanden, was wir für eine Kindheit hatten. Ich habe es zumindest noch nicht gehört, dass ein Chef während eines Vorstellungsgesprächs sagt: »Ach, Sie Arme. Sie hatten bestimmt ein schwieriges Verhältnis zu Ihrem Vater. Der scheint Ihnen etwas zu viel abverlangt zu haben ... Sie kriegen den Job trotzdem. Wir bauen Sie schon wieder auf.«

Nee, irgendwann kommt der Punkt, an dem wir es selbst in die Hand nehmen müssen.

Eine Art, mit dem »Scheitern« umzugehen, ist Humor. Wenn Sie so weit sind, haben Sie schon die halbe Miete. Der nächste Schritt wäre, dass wir uns nicht mehr vom »Scheitern« in die negative Spirale nach unten drücken lassen. Ich befürchte, dass Sie auch nach diesem Buch noch mal im Leben in Situationen geraten, in denen Ihnen nichts einfallen wird. Sonst wären Sie ein Über-Mensch! Aber dann überlegen Sie sich, wie Sie das in Zukunft verpacken. Ob es Ihnen noch etwas ausmacht oder ob Sie es einfach hinnehmen, drüber lachen und weitermachen.

Allein mit dieser inneren Einstellung – denn »Scheiter heiter« ist eine Lebenseinstellung – wird sich Ihre Körpersprache und -haltung ändern. Und das wiederum führt dazu, dass Sie erstens weniger »angegriffen« und zweitens sich einfach besser fühlen werden! Es ist ein immerwährender Kreislauf.

Während Sie also in Zukunft einfach nicht mehr zulassen, dass Sie irgendwer »runterdrückt«, können Sie es im Umkehrschluss aber doppelt so sehr zulassen, dass gute Momente Sie »nach oben« schießen.

Eine meiner Mitarbeiterinnen ist von Geburt an eher nicht so schlagfertig. Also eigentlich gar nicht. Sie ist sehr häufig bei den Seminaren dabei und hat deren Inhalt jetzt bestimmt schon zehnmal gehört.

»Ist dir das nicht zu langweilig?«, wollte ich auf einer Rückfahrt von ihr wissen.

»Nee, gar nicht. Ich nehme jedes Mal etwas Neues mit. Irgendwann fruchtet das selbst bei mir«, grinste sie mich an.

Es dauerte nicht lange, da durfte ich selbst Zeugin werden, wie sehr es gefruchtet hatte.

Wir waren zusammen auf der Autobahn unterwegs. In meinem, nennen wir ihn mal bodenständigen, Dacia. Meine Mitarbeiterin fährt, während ich als Beifahrerin kluge und vor allem weniger kluge Kommentare von mir geben darf.

»Ja, glaubst du das denn? Meinst du, der Mercedesfahrer macht jetzt mal Platz?«, rege ich mich über den Herren vor uns auf, der sich weigert, die linke Spur zu verlassen.

»Nicht zu fassen. Ich gebe ihm mal Lichthupe.«

Gesagt, getan und tatsächlich geht der grauhaarige Herr mit Einstecktuch von Louis Vuitton auf die mittlere Spur. (Niemals würde er wahrscheinlich auf die ganz rechte gehen – egal, anderes Thema.)

Als wir an ihm vorbeifahren, und ich habe mir jegliche anzüglichen Handbewegungen verkniffen, kann man ihm ansehen, dass er total entrüstet ist: Er wurde von zwei Frauen in einem *Dacia* überholt! Ich weiß gar nicht, was für ihn schlimmer war in seiner dicken Mercedes-Limousine, das Fabrikat oder unser Geschlecht.

Wir zwei mussten auf jeden Fall herzhaft lachen. Ein paar Kilometer weiter fuhren wir auf eine Tankstelle, der Mercedes uns hinterher.

»Ich glaube, der will Stress«, sage ich zu meiner Freundin.

»Ja, glaube ich auch. Lass mich mal machen«, guckt sie mich »kampfbereit« an. Ich war schon baff, so hatte ich sie noch nicht erlebt.

Sie steigt aus. Der Mercedesfahrer auch. Und hier gebe ich das Gespräch exakt wieder:

Er (völlig entrüstet und sehr laut): »*Fräulein!?*«

Sie (ganz ruhig): »Ja, Opi?«

Er (kurz vorm Herzinfarkt): »Was fällt Ihnen ein? Mich Opi zu nennen?«

Sie (tiefenentspannt): »Was fällt Ihnen ein, mich Fräulein zu nennen?«

Er (um Fassung ringend): »Ja, also ... mmmh ... ich würde mal sagen, mein Auto ist ein bisschen schneller als *das* hier!«

Sie (setzt zum letzten Schlag an): »*Potzblitz!*«

Er: »Ach ...« Setzt sich ins Auto und fährt weg!

Ich schwöre Ihnen, es ist genau so passiert.

»Ich bin fassungslos. Und sooo stolz auf dich! Wie geht es dir?« Ich trete an ihre Seite.

Sie zeigt mir ihre Hände. Sie zittern wie Espenlaub. »Nicole, hast du das gehört? War das geil oder war das geil?«

»Es war sooo mega! Willst du das nächste Seminar halten?«

Können Sie sich auch nur im Entferntesten vorstellen, wie meine – sonst so schüchterne Freundin – sich gefühlt hat? Sie war am Fliegen ... ich glaube, sie fliegt immer noch. Den ganzen Tag war sie wie auf Rosen gebettet, es hat ihr ein derartiges Hochgefühl verpasst und sie ist so strahlend umhergelaufen, dass sie an diesem Tag Bäume hätte ausreißen können.

Jetzt frage ich Sie: Was, glauben Sie, ist besser für das Selbstbewusstsein? Immer lieb und nett eine Faust in die Tasche machen oder sich mal deutlich und trotzdem charmant zur Wehr setzen?

Übrigens: Diejenigen unter Ihnen, die jetzt sagen: »Na ja, ›Opi‹ ist aber sehr frech«, die fangen bitte noch mal von vorn an zu lesen.

ALLES IN ALLEM ODER AUCH: DAS NACHWORT

Was will uns der Künstler damit sagen?

Ich muss Ihnen etwas gestehen. Hätte ich dieses Buch vor meiner Erkrankung geschrieben, wäre es ganz anders geworden. Schlagfertigkeit hängt zwar nicht mit Brustkrebs zusammen, aber irgendwie scheint diese Erfahrung doch hilfreich zu sein. Es reicht aber, wenn ich Sie gemacht habe, das müssen Sie bitte nicht nachmachen!

Ich hoffe, Sie gehen jetzt etwas gestärkter in Ihren Alltag und wissen, dass Schlagfertigkeit nur bedingt etwas mit rhetorischen Qualitäten zu tun hat. Es ist vielmehr eine Lebenseinstellung, eine innere Haltung, die sich dann auch an der äußeren Haltung bemerkbar macht.

Im besten Fall treten Sie vor den Spiegel und wissen jetzt, warum Sie genau so, wie Sie sind, gut sind. Warum Sie eine Bereicherung für Ihre Umwelt sind, und treten auf die Bühne des Lebens und rocken die Welt mit einem kräftigen *Highway to Hell!*

Sie sind wer und Sie können was! Dieses Buch soll Sie nicht umkrempeln. Ganz im Gegenteil, es soll Sie dazu ermutigen, sich selbst so zu lieben, wie Sie nun mal sind. Denn in jeder von Ihnen steckt eine Superwoman, die es zu entdecken gilt!

Alle verwendeten Namen und Personen sind frei erfunden, aber von der Realität inspiriert. Wenn sich jemand erkennen sollte, so ist das reiner Zufall (oder auch nicht?).

Bitte sehen Sie dieses Buch als eine Tüte Haribo. Da schmecken einem nie alle Sachen draus. Aber hier und da, da versucht man sich mal an etwas Neuem! Ich wünsche Ihnen viel Spaß beim Ausprobieren und lassen Sie mich gern unter hallo@nicole-staudinger.net wissen, wie es Ihnen gefallen hat! Vielleicht sehen wir uns live auf einer Seminar-Show, ansonsten: Ziehen Sie Ihren Schutzschild hoch und bleiben Sie gesund!

Ihre Nicole Staudinger

LÖSUNGEN

Hier finden Sie ein paar mögliche Lösungen für die Übungen aus dem Buch.

Gegenkonter:
Im Autohaus. Der Verkäufer sagt:
»Wo ist denn bitte Ihr Mann, dann spreche ich mit ihm.«
»Wo ist denn bitte Ihre Chefin, dann spreche ich mit ihr.«
Im richtigen Ton, bitte, freundlich und mit einem Lächeln.

In einer Bar. Ein Mann kommt auf Sie zu und baggert Sie ziemlich frech an:
»Dein Kleid würde sich wunderbar auf meinem Schlafzimmerboden machen.«
»Mein Cocktail würde sich wunderbar in Deinem Gesicht machen.«

Im Meeting sagt ein unverschämter Kollege zu Ihnen:
»Oh je, hast du heute etwa deine Tage?«
»Oh je, hast du heute wieder deinen ›Ich klopfe blöde Sprüche‹-Tag?«

Umdeutung:
Die Kollegin sagt zu Ihnen:
»Dass du immer so pingelig sein musst.«
»Wenn du unter pingelig verstehst, dass ich meine Arbeit sorgsam mache, dann gebe ich dir recht.«

Ihr Chef geht Sie im Meeting relativ barsch an:
»Dass Sie immer so weinerlich sind!«
»Wenn Sie unter weinerlich verstehen, dass ich empathisch bin, dann gebe ich Ihnen recht.«

Ihre Freundin sagt beim Wiedersehen nach langer Zeit zu Ihnen:
»Ui, du bist aber ganz schön dick geworden!«
»Die einen nennen es dick, die anderen wohlgeformt.«

ZUSAMMENFASSUNG

Hier finden Sie unsere Lektionen im Überblick:

- ♛ Schutzschild hochziehen: Lassen Sie unpassende Bemerkungen an sich abprallen!
- ♛ Schuhe, die uns nicht passen, ziehen wir nicht mehr an! Und besser noch: Wir probieren sie auch gar nicht mehr an!
- ♛ Fangen Sie an, sich selbst zu lieben!
- ♛ So, wie wir sind, sind wir perfekt!
- ♛ Wer austeilen kann, ist gefährlich. Aber wer einstecken kann, ist unantastbar!
- ♛ Wenn berechtigte Kritik Sie erreicht, stehen Sie dazu und entschuldigen Sie sich für Ihr Verhalten.
- ♛ Humor! Lachen Sie nicht nur über andere, sondern auch über sich selbst.
- ♛ Zeigen Sie deutlich Ihre Grenzen!
- ♛ Denken Sie an Ihre Körpersprache.

DIE TECHNIKEN IM ÜBERBLICK

Nicht zu viel denken!
Interpretieren Sie nicht so viel und lesen Sie nicht so viel zwischen den Zeilen. Beispiel:
»Bei uns werden die Positionen anscheinend nach Rocklänge vergeben!«
»Nicht dein Ernst? Das kann ja wohl nicht wahr sein!«

Zustimmung
Sie irritieren den Gegner, wenn Sie ihn durch eine spontane Zustimmung ins Leere laufen lassen.
Beispiel:
»Du bist aber ganz schön dick geworden.«
»Stimmt.«

Überhören
Manchmal macht es Sinn, die Ohren auf Durchzug zu stellen. Gewisse Äußerungen lohnt es sich zu überhören und durch gezieltes Umlenken graziös zu umgehen.
Beispiel:
Im Bewerbungsgespräch: »Ich sehe, Sie haben ja schon ein Kind. Wie viele möchten Sie denn noch?«
»Das hängt ganz vom Gehalt ab. Womit wir auch schon beim Thema wären.«

Sprichwörter und Redewendungen
Legen Sie sich ein schönes Repertoire aus unserem Sprachgebrauch zurecht.

Ironie
Ob Ihr Gegner Ironie versteht oder nicht, ist nicht Ihre Baustelle. Ironie täuscht immer etwas vor. In unserem Beispiel, den Inhalt wörtlich zu nehmen.
»Ich sehe, Sie haben ja schon ein Kind. Wie viele möchten Sie denn noch?
»Wie viele sind denn Voraussetzung für den Job?«

Der Gegenkonter
Sie spielen den Ball einfach zurück und schlagen den Gegner mit seinen eigenen Waffen.
Beispiel:
»Wenn ich mit Ihnen verheiratet wäre, würde ich Ihnen Gift geben!«
»Und wenn ich mit Ihnen verheiratet wäre, dann würde ich es nehmen!«

Die ironische Entlarvung
Zeigen Sie Ihrem Gegenüber, dass Sie die Spitze durchaus gehört und verstanden haben, aber zeigen Sie vor allem, dass es Sie nicht tangiert.
Beispiel:
»Was hältst du davon, wenn du dich schon umziehst, während ich noch mal schnell durchwische?«
»Tüchtig, tüchtig, liebe Silke, gleich zwei Angriffe in nur einem Satz.«

Die nachfragende Entlarvung
Auch hier zeigen Sie dem Gegenüber wieder, dass Sie ihn verstanden haben, aber Sie führen ihn mehr vor. Doch Achtung: Diese Technik fordert zum Kampf auf!

Beispiel:
»Was hältst du davon, wenn du dich schon umziehst, während ich noch mal schnell durchwische?«
»Habe ich dich richtig verstanden? Du möchtest mir also sagen, dass es hier dreckig ist und ich doof aussehe?«

Zwei-Silben-Antwort
Das ist Ihr Notfallplan! Wenn nichts mehr geht – ein herzhaftes »Potzblitz!« geht immer.

Umdeutung
Ein wirklich gutes Instrument für den Businessbereich. Sie geben Ihrem Angreifer indirekt recht und stellen den Inhalt für sich gerade.
Beispiel:
»Sie sind aber langsam hier!«
»Wenn Sie unter langsam verstehen, dass ich mir für jeden Patienten Zeit nehme, dann gebe ich Ihnen recht.«

Nachfrage
Ebenfalls eine Technik, die Sie gut im Job anwenden können. Sie wiederholen die Aussage Ihres Gegenübers und halten ihm somit den Spiegel vor.
Beispiel:
»Für das erste Konzept haben wir kein Budget!«
»Habe ich Sie richtig verstanden: Unser Team soll Ihnen ein pfiffiges, umfangreiches Konzept erstellen und Sie möchten dafür nicht bezahlen?«

Die Ein-Silben-Antwort
Die Hardcore-Lösung für Menschen, die Sie nicht mehr unbedingt in ihrem Umfeld haben wollen.

Die ehrliche Antwort
Die Wahrheit ist oft so grausam, dass wir uns nicht an sie herantrauen. Dabei ist sie oft am wirksamsten.
Beispiel:
»Ach, danke, meine Süße. Ich freue mich, dass du gekommen bist. Das Kleid – Wahnsinn! Da sieht man deine Fettröllchen ja gar nicht.«
»Dann macht es ja Sinn, dass ich es dir das nächste Mal leihe.«

Übertreibung
Je absurder die Frage oder der Vorwurf, desto absurder kann die Antwort sein.
Beispiel:
»Wie betreuen Sie denn Ihre Kinder, wenn Sie arbeiten?«
»Ich sperre sie in den Schrank und hole sie abends wieder raus.«

SOS-Notfallsprüche
Gehen Sie mit offenen Augen und Ohren durch die Welt und erweitern Sie unsere Top-Ten-Liste!

DANKE, DANKE!

Meine entzückende Lektorin Christin meinte zu mir: »Das Dankeswort fehlt noch.« Hach, was soll ich sagen, das mache ich natürlich sehr, sehr gern! Dieses Werk ist erst mein zweites Buch, daher habe ich diese Rituale noch nicht so gut drauf, aber ich merke: Ich gewöhne mich sehr schnell daran.

Mein erster Dank gebührt Eden Books und Jennifer Kroll im Speziellen. Wir haben uns auf der Frankfurter Buchmesse 2014 kennengelernt, als ich mit Glatze vor ihr stand und ihr von der Idee von *Brüste umständehalber abzugeben* erzählte. Es war Liebe auf den ersten Blick. Noch im Gespräch sagte sie mir: »Und danach, da machst du ein richtig geiles Buch zum Thema Schlagfertigkeit.« Ja, liebe Jenny, so schnell ging das. Als völlig neue Autorin, ähm, ich meine natürlich *Spiegel*-Bestseller-Autorin, so viel Vertrauen geschenkt zu bekommen, das empfinde ich als Privileg. Habt tausend Dank dafür, liebes Eden-Books-Team!

Ich muss mich auch hier noch mal bei all meinen Ärzten bedanken, die mich wieder gesund gemacht haben, denn sonst gäbe es auch dieses zweite Buch nicht.

An meine Familie, meine Kinder, meinen Ehemann und an meine Eltern geht sowieso immer Dank, unabhängig von irgendwelchen Büchern! Danke dafür, dass ihr mich erträgt!

An meine wundervolle Lektorin Christin, die die ganze Sache hier »rund« gemacht hat!

Und an das Schicksal oder an den Herren da oben, einfach dafür, dass ich hier sein darf und das Leben jeden Tag aufs Neue schmecke!

Und ich danke auch den Dreibeinern der Schöpfung, ehemaligen Chefs und so mancher Begegnung in meinem Leben, die mich hierzu inspiriert haben. Ich sage ja immer: Für irgendwas ist es gut im Leben!

QUELLEN

Berckhan, Barbara: *Die etwas gelassenere Art, sich durchzusetzen.* München: Heyne, 2003.

Hüther, Gerald: *Unter Druck stürzt das Denken in den Keller.* (Interview) http://www.stern.de/panorama/wissen/mensch/stress-unter-druck-stuerzt-das-denken-in-den-keller-3330526.html

Lüdemann, Carolin: *Schlagfertigkeit für Frauen – Schnell, angemessen und intelligent kontern.* München: Redline Verlag, 2009.

Nöllke, Matthias: *Schlagfertig. Das Trainingsbuch.* Freiburg im Breisgau: Haufe-Lexware, 2002.

Teufert, Gero: *Schlagfertigkeit für Dummies.* Weinheim: Wiley-VCH Verlag, 2009.

Töpper, Verena: *»Männliche« Wörter schrecken Frauen ab.* http://www.spiegel.de/karriere/berufsstart/maennliche-formulierung-einer-stellenanzeige-schreckt-bewerberinnen-ab-a-962423.html

Verra, Stefan – der Körperspracheexperte. http://www.youtube.com/user/StefanVerra

Warkentin, Nils: *Stimme trainieren. Die Macht der Stimme.* http://karrierebibel.de/stimme-trainieren-die-macht-der-stimme/

Mit recht herzlichem Dank an den FrauenMediaTurm in Köln, in dem ich vor Ort und auf der Website in folgenden Werken recherchieren durfte:

- Breuer, Lore: *Frauenhandbuch.* 1. Aufl., Koblenz: Frauen-Verlag, 1974.
- Schwarzer, Alice: *Emma – die ersten 30 Jahre.* München: Heyne, 2007.
- PD ME 03.03 / 01.04 / 01.03 Pressedokumentation FrauenMediaTurm

WEITERE TITEL VON EDEN BOOKS

Nicole Staudinger
BRÜSTE UMSTÄNDEHALBER ABZUGEBEN
Mein Leben zwischen Kindern, Karriere und Krebs

288 Seiten | Klappenbroschur |
13,5 × 21 cm
€ 14,95 (D) / € 15,40 (A)
Auch als E-Book erhältlich
ISBN: 978-3-959100-13-7

Es ist Nicoles zweiunddreißigster Geburtstag, als sie einen hoch aggressiven Tumor in ihrer Brust ertastet. Die junge Mutter bekommt die erschreckende Diagnose, dass sie genau dieselbe genetische Vorbelastung wie Angelina Jolie hat. Karl Arsch, so nennt sie den unangemeldeten Besucher, passt jetzt mal so gar nicht in ihr Leben. Sie hat mit zwei Kindern und einer frisch gegründeten Firma eigentlich schon genug zu tun. Aber sie muss sich der Krankheit stellen. Mitreißend und humorvoll berichtet Nicole über ihr neues Leben zwischen Kindergeburtstagen, Selbständigkeit und Chemotherapie.

WEITERE TITEL VON EDEN BOOKS

Stefanie Luxat
WIE SAG ICH'S MEINEM MANN?
Über das Zusammenleben mit einer anderen Spezies

256 Seiten | Klappenbroschur | 12,5 × 19 cm
€ 12,95 (D) / € 13,40 (A)
Auch als E-Book erhältlich
ISBN: 978-3-944296-71-5

Warum machen Männer Häufchen, wieso will sie ihre Wände in Puderrosa streichen und seit wann sind wir eigentlich Partypupser? Autorin und Bloggerin Stefanie Luxat untersucht in humorvollen Kolumnen das Territorialverhalten von Männern und Frauen. Mit einem Augenzwinkern geht sie Stil- und anderen Streitfragen auf den Grund, erzählt unterhaltsame Anekdoten aus ihrem eigenen Ehealltag und erklärt, wie man den täglichen Beziehungswahnsinn heil übersteht – und seinen Partner dabei liebt wie am ersten Tag.
Inklusive humorvollen Expertentipps von Paarberatern und Coaches und dem nicht ganz ernst gemeinten Test: Sind Sie der Mann oder die Frau in Ihrer Beziehung?

WEITERE TITEL VON EDEN BOOKS

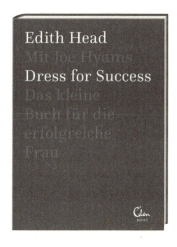

Edith Head mit Joe Hyams
DRESS FOR SUCCESS
Das kleine Buch für die erfolgreiche Frau

192 Seiten | leinengebundenes
Hardcover mit Lesebändchen und
durchgehend zweifarbig illustriert |
13 × 17,8 cm
14,95 € (D) / 15,40 € (A)
ISBN: 978-3-959100-19-9

Etuikleid, Blazer, Bleistiftrock, Zigarettenhose – dieses Buch zeigt, wie man sich zugleich businessgerecht und stilsicher kleidet. Welche Schnitte passen zu meinem Typ? Wie beeinflusst mein Outfit meine Erscheinung? Wie setze ich Farbe richtig ein? Niemand ist besser dazu qualifiziert, über die Wirkung von Kleidung zu sprechen, als Edith Head. Sie ist die erfolgreichste Kostümbildnerin aller Zeiten, versorgte fast 1000 US-amerikanische Filme mit ihren Kostümentwürfen, erhielt dafür 35 Oscar-Nominierungen und gewann acht davon. Dieser liebevoll illustrierte Vintage-Style-Guide ist ein zeitloser Moderatgeber und ein Muss für die stilbewusste Frau.

SCHLAGFERTIGKEIT KÖNNEN SIE JETZT AUCH UNTERWEGS LERNEN - MIT DEM HÖRBUCH DER »SCHLAGFERTIGKEITSQUEEN«

Nicole Staudinger
SCHLAGFERTIGKEITSQUEEN
In jeder Situation wortgewandt und majestätisch reagieren

Hörbuch | 4 CDs oder Download
€ 12,99 (D) / € 13,40 (A)
ISBN 978-3-959100-99-1 |
EAN 4029759115304
Artikelnummer 4300008EED

Jeder kennt Situationen, in denen unsere Schlagfertigkeit gefragt ist, uns die passende Antwort aber wieder mal erst drei Stunden später einfällt. Besonders wir Frauen leiden oft unter der ungewollten Sprachlosigkeit, denn, Hand aufs Herz: Durchsetzungsfähigkeit und Schlagfertigkeit gelten in unserer Gesellschaft nach wie vor als typisch männliche Eigenschaften. Doch damit macht Nicole Staudinger jetzt Schluss! Die zertifizierte Trainerin analysiert alltägliche Kommunikationssituationen, zeigt Stolperfallen in unserem Verhalten auf und nennt Tipps und Tricks für ein schlagfertiges und selbstbewusstes Auftreten. Mit diesem humorvollen Hörbuch lernen sie ganz nebenbei, wie Ihnen in Zukunft so schnell nichts mehr die Sprache verschlägt!

Eden Books

DENN DAS LEBEN SCHREIBT DIE BESTEN GESCHICHTEN. DER VERLAG FÜR BÜCHER, MENSCHEN UND STORIES, DIE BEWEGEN – FÜR LESERINNEN MIT HERZ UND HIRN.

Wir sind ein junger Verlag der Hamburger Edel AG. Mit unserem Programm wollen wir unterhalten, bewegen und inspirieren. Unsere Bücher zeigen den Lesern neue Perspektiven, verrückte Lebensweisen und erfrischende Einstellungen. Die Memoirs und die persönlichen Ratgeber sind Mutmacher und Unterhaltung zugleich. Abgerundet wird unser Programm durch humorige Erzählreihen, schöne Bildbände sowie hochwertige Geschenk- und Liebhaberbücher für die verschiedensten Anlässe.

Besucht uns auf
www.edenbooks.de
www.facebook.com/EdenBooksBerlin
www.instagram.com/Eden.Books
www.twitter.com/Eden_Books
oder schreibt uns an
hallo@edenbooks.de

IMPRESSUM

Nicole Staudinger
Schlagfertigkeitsqueen
In jeder Situation wortgewandt und majestätisch reagieren
ISBN: 978-3-959100-72-4

Eden Books
Ein Verlag der Edel Germany GmbH
Copyright © 2016 Edel Germany GmbH, Neumühlen 17, 22763 Hamburg
www.edenbooks.de | www.facebook.com/EdenBooksBerlin | www.edel.com
8. Auflage 2016

Einige der Personen im Text sind aus Gründen des Persönlichkeitsschutzes anonymisiert.

Projektkoordination: Judith Haentjes
Lektorat: Christin Ullmann
Umschlaggestaltung: semper smile | www.sempersmile.de
Layout und Satz: Datagrafix Inc.| www.datagrafix.com
Druck und Bindung: optimal media GmbH, Glienholzweg 7, 17207 Röbel/Müritz

Das FSC®-zertifizierte Papier *Holmen Book Cream* für dieses Buch lieferte Holmen Paper Hallstavik, Schweden.

Alle Rechte vorbehalten. All rights reserved. Das Werk darf – auch teilweise – nur mit Genehmigung des Verlages wiedergegeben werden.

Printed in Germany

Dieses Buch ist auch als E-Book erhältlich.

Um die kulturelle Vielfalt zu erhalten, gibt es in Deutschland und in Österreich die gesetzliche Buchpreisbindung. Für Sie, liebe Leserin und lieber Leser, bedeutet das, dass Ihr verlagsneues Buch jeweils überall dasselbe kostet, egal, ob Sie Ihre Bücher gern im Internet, in einer großen Buchhandlung oder beim kleinen Buchhändler um die Ecke kaufen.